朱 海 著

幸福与成长：
中小学心理健康教育研究

中国原子能出版社

图书在版编目（CIP）数据

幸福与成长：中小学心理健康教育研究／朱海著.
--北京：中国原子能出版社，2019.8
ISBN 978-7-5221-0006-7

Ⅰ．①幸…　Ⅱ．①朱…　Ⅲ．①中小学生－心理健康－
健康教育－研究　Ⅳ．①G444

中国版本图书馆 CIP 数据核字（2019）第 195921 号

内 容 简 介

中小学心理健康教育既关系到中小学生能否健康成长，又关系到素质教育能否得到全面推进。因此，必须高度重视中小学心理健康教育。

本书共有九章，具体包括中小学心理健康教育的基本认知、组织与管理、校本课程，中小学生的自我意识培养、学习心理及其辅导、人际交往心理引导、情绪调适与辅导、个体心理咨询与团体心理辅导，以及中小学心理健康教育中的危机干预等内容。

本书立足于中小学生的心理发展特点与现状以及中小学心理健康教育工作的实际情况，对中小学心理健康教育的相关知识进行了详细分析，以期为有效地开展中小学心理健康教育提供有益的借鉴。

幸福与成长：中小学心理健康教育研究

出版发行	中国原子能出版社（北京市海淀区阜成路 43 号　100048）
责任编辑	张　琳
责任校对	冯莲凤
印　　刷	三河市铭浩彩色印装有限公司
经　　销	全国新华书店
开　　本	787mm×1092mm　1/16
印　　张	16.25
字　　数	211 千字
版　　次	2020 年 3 月第 1 版　2020 年 3 月第 1 次印刷
书　　号	ISBN 978-7-5221-0006-7　定　价　80.00 元

网址：http://www.aep.com.cn　E-mail：atomep123@126.com
发行电话：010-68452845

前　言

　　中小学生正处于身心发展的重要时期,随着生理和心理的显著变化、社会阅历的不断增加、思维方式的改变以及所面临竞争压力的不断增大,其在自我意识、生活、学习、人际交往等方面都可能遇到各种各样的心理困惑,继而产生多种心理问题。对于中小学生所面临的心理困惑和心理问题,如不能进行及时有效的解决,很可能导致中小学生的心理素质越来越差,心理健康水平不断下降,最终影响他们的健康成长。因此,自20世纪80年代以来,中小学心理健康教育作为我国基础教育领域的一个重要组成部分,受到了越来越多的关注。

　　到目前为止,我国中小学心理健康教育已经走过了近40年的历程。虽然说我国中小学心理健康教育的实施时间并不长,但发展迅速,不仅在理论和实践方面积累了重要经验,而且大大提高了中小学生的心理健康水平。但是,由于各地经济、教育发展的不平衡,一些教育行政部门和中小学校对心理健康教育工作的重视程度不够,一些中小学教师不知怎样应用心理学的方法去具体解决中小学生遇到的各种心理问题等,因而我国中小学心理健康教育还存在不少的问题,需要进一步对其进行完善与发展。基于此,作者在参阅大量相关著作文献的基础上,结合中小学生的心理特点以及中小学心理健康教育的现状,精心撰写了《幸福与成长:中小学心理健康教育研究》一书。

　　本书包括九章内容。第一章作为全书开篇,对中小学心理健康教育进行了总体论述,从而为下述章节的展开做好了理论铺垫。第二章和第三章对中小学心理健康教育的组织与管理以及中小学心理健康教育校本课程进行了详细研究，为中小学心理健康教育的开展与实施提供了依据。第四章至第九章是本书的重点内容，分别对中小学生的自我意识培养、学习心理及其辅导、人际交往心理引导、情绪调适与辅导、个体心理咨询与团体心理辅导以及中小学心理健康教育中的危机干预等内容进行了详细研究，从而能够帮助中小学教师学会如何应用心理学的方法去具体解决中小学生的心理问题。

本书在撰写的过程中，既吸收了前人研究的有益成果，又在此基础上进行了深化和拓展，从而进一步丰富了中小学心理健康教育的内容。概括而言，本书有以下几个鲜明的特色。

第一，针对性强。本书在撰写的过程中，充分考虑到当前我国中小学生的身心发展特点以及我国中小学心理健康教育工作开展的实际需求，因而对于在当代开展中小学心理健康教育具有重要的指导意义。

第二，理论与实践相统一。本书既从理论的角度出发，对中小学生心理健康教育的相关理论知识进行了论述，以帮助中小学教师构建科学化、系统化的心理健康教育知识体系；又从实践的角度出发，着眼于我国中小学心理健康教育工作开展的实际情况以及中小学生常见的心理问题，对如何开展中小学心理健康教育进行了详细具体的指导，以切实提高中小学生的心理健康水平。

第三，规范性强。本书在论述过程中，力求逻辑清晰、脉络分明、阐述充分、语言准确规范，以确保本书的学术性和准确性。

在本书的撰写过程中，作者不仅参阅、引用了很多国内外相关文献资料，而且得到了同事亲朋的鼎力相助，在此一并表示衷心的感谢。由于作者水平有限，书中疏漏之处在所难免，恳请同行专家以及广大读者批评指正。

作　者
2019 年 3 月

目　录

第一章　中小学心理健康教育的基本认知

中小学心理健康教育是在高校心理健康教育的渗透中开始的,直到1999年才上升到素质教育层面,1999年,教育部成立全国中小学心理健康教育咨询委员会,同年8月印发《关于加强中小学心理健康教育的若干意见》,明确规定把中小学心理健康教育作为推进素质教育的一项重要措施。2002年8月,教育部颁布《中小学心理健康教育指导纲要》,对分层、逐步、有序推进中小学心理健康教育工作进行了系统的部署。随着素质教育的全面推进和《中小学心理健康教育指导纲要(2012年修订)》的贯彻实施,中小学心理健康教育必将成为新时期统筹解决中小学生心理健康问题的有效途径,在促进中小学生幸福成长中发挥越来越重要的作用。

第一节　中小学生心理发展的基本规律

中小学生是人生的一个重要分期,了解个体在这个时期发展的基本规律,既有利于加深对青少年期和青少年群体的认识,也有利于帮助个体顺利地度过这一阶段。

一、中小学的时间界定

我国发展心理学界一般把中小学界定为6～18岁,按照我国目前的学制(6岁入学,小学6年、初中3年、高中3年),小学生通常从 6～11 岁,初中生从 12～14 岁,高中生从 15～18 岁,处于从儿童向少年、青年过渡的时期。在不同的年龄阶段其心理发展的水平、特点以及发展的任务都会存在不同,即使是相同的年龄阶段由于学生的个性差异、社会背景不同等多种因素,也会表现出不同的特点。总之,中小学阶段是一个人逐渐从不成熟走向成熟、从儿童走向青春期的过渡时期,也是人生发展过程中一段特殊的时期。这种特殊不仅表现在由身体发育加快和性生理成熟所带来的重大心理变化,更重要的是身体和生理的急剧变化使得青少年的心理发展出现许多新变化。

二、中小学生六大发展主题

中小学阶段是个体从童年向成年的过渡期,也是个体身心发展的剧变期。这一时期,个体在生理、智能、情意、自我与个性、社会性以及升学择业等方面都经历着重大而深刻的变化,这些变化决定了中小学生特有的区别于其他发展阶段的主题。生理发展、学业发展、情意发展、个性发展、社会性发展和生涯发展,是中小学生在成长中会出现的主要发展性问题,教师承担着重要的教育责任。

(一)生理发展

身体发展是心理发展的物质前提,良好的身体素质为一生发展奠定基础。小学生身高、体重稳步增长;骨骼进一步发育,但不是很坚固;肌肉力量增强,但缺乏耐力;新陈代谢加快,但容易产生心脏疲劳;大脑发育逐渐趋向成熟,但不宜过分兴奋和抑制。中学生身体外形剧变;体内机能迅速增强,并逐渐趋向成熟。中小学生正处于生理发育趋于成熟的青春期,伴随生理发育而来的心理发展特点,以及身体发育提前与滞后这一矛盾导致的各种心理烦恼,都极为特殊。比如,身体发育迟缓就会影响自我意识的发展。因此,处于中小学生青春期教育的重要性不言而喻。

(二)学业发展

学习是中小学生的重要生活内容。小学生的学习以掌握间接知识经验为主,其学习活动是在教师有目的、有计划、有组织的指导下完成的。中学生成绩分化激烈,主动性两极分化,但自学能力的作用日益明显。学业的发展是建立在其认知与智能发展的基础上的。认知发展是人接受外界影响、获取知识经验的基础。人通过感知觉了解事物的外在特性,获取感性知识;通过思维把握事物的内在特性,获取理性知识。这一时期主要培养中小学生正确的观念、帮助其改善学习方法、提高学习能力、开发学习潜能,使中小学生既乐学又会学。

(三)情意发展

情意发展主要是指非智力因素的发展,核心表现在学生个性心理因素得到发展,追求包括个性独特发展、个性自由发展、个性创造力发展和个性情意发展在内的个性健全发展;追求人与自然以及人与社会协调发展。由于小学生各方面还不定型,可塑性强,因此他们的非智力因素的内涵比较复杂,有积极非智力因素,有消极非智力因素。它们互相排斥,互相抵消,又互相依赖,紧密联系,共同构成小学生的个性品质。中学生自尊心与自信心增强,表现出争强好胜、过于敏感的心理特点。中学生热情、重感情,但情绪有极大的波动性。中学生的意志力也在增强,但在克服困难中还缺乏足够的毅力。

(四)个性发展

个性发展是指人类个体出生后直到青少年期个性的形成和发展过程。自我意识不是生来就有的,是随着个体的社会化进程不断发展的。中小学期又被称为"自我的第二次诞生""自我意识发展"时期。而自我的发展是中学生阶段尤为关键的一个发展主题。自我的形成和发展是一个渐进的过程。与学前儿童相比,小学生自我描述的方式变得更加现实、平衡和综合。在七八岁时，他们自我概念的发展到了新皮亚杰理论所认为的第三阶段，即已经具备能力形成"表征系统"，能够把自我的不同方面整合为包罗万象的自我概念。小学生能够对真实自我和理想自我进行比较，也能够通过社会比较来形成自我概念。并且，这些变化又影响着小学生自尊的发展。中学生高度关注自己的外部世界，在意于对自己的身高、体重、外形、外貌等各方面的认识与评价。与此同时，中学生也关注自己的内心世界，他们很在意别人对自己的智力、能力、性格、爱好、特长等方面的认识与评价。相对于小学生而言，中学生对于自身以及他人的评价能力渐趋成熟，只是不大稳定。在一定意义上，中小学生的一切问题既是以自我为核心而展开的，又是以解决好"自我"这个问题为目的的。自我是个体稳定的个性形成和发展的基础和核心，并影响着个体道德及价值观的形成。因此，心理学家特别重视中小学生自我发展的问题研究。

（五）社会性发展

人的认知与学业发展、情意发展、个性发展等都不是在单纯、封闭的个性系统中进行的，而是与社会性的发展相伴随。某种意义上，社会性发展是个体其他发展主题的支撑。人的社会性主要表现在日常交往中形成的人际关系、性别角色认同、道德以及社会认知与社会行为方面。随着在校时间的增加，小学生与父母的关系处于发展变化之中，对父母的权威从完全信服发展到出现一定的怀疑性和批判性，但仍然保持与父母间亲密的关系和浓厚的情感。在生活上依然以依赖父母为主，不过独立自主性也在不断增强。小学生的师生关系具有波浪式发展的特征。低年级小学生对教师的绝对信服和崇拜，随年龄的增长逐渐有所改变。小学生同伴关系的主要特征是交往时间更多，在交往中传递信息的能力增强，更善于协调自己与其他伙伴的活动，到小学高年级，开始形成比较稳定的同伴团体，出现了许多"朋友圈"。中学生面临着社会身份的转变和社会生活方式的改变,他们渴望摆脱父母的约束,与同伴形成良好关系并走向独立。中学生对友谊和权威有了新的认识及对性别角色的理解更加深刻。

(六)生涯发展

生涯发展,是指一个人在自我发展过程中,尝试性地去整合各种生活、工作、学习的经验,并且特别地透过工作的认同来实践一个有理想、有追求的人生,它以工作为重心,注重过程,强调经验。生涯发展强调的是个体生涯知识、技能及观念的获得与发展,并在此基础上走向生涯成熟。它既是一个不断自我实现的历程,也是一个不断自我追寻的旅程。在人生早期,生涯发展都必须借助学校教育的力量来完成。学习者需要多方协助才能做好未来人生的规划,使其更清晰地了解自己,从而拥有更宽广的未来。

三、中小学生心理发展的总趋势

中小学生心理发展的总趋势可分为两种情况:一种是机理性的,指能够揭示中小学生心理发展本质的趋势,主要有复演式、趋平衡、攀岩式和危机—去危机四种路径;另一种是表现性的,指从外部可以明显感知的发展趋势,主要有旋流式和跃迁式。

(一)机理性趋势

1.复演式路径

美国心理学家斯坦利·霍尔基于达尔文的生物进化论思想,提出个体心理发展是一系列或多或少复演种系进化历史的过程。这种复演关系为:婴幼儿期重演着人类史前的发展;儿童期重演着人类穴居、打猎和捕鱼时期的活动;少年期重演着几千年前农业时代的固定生活;而青年期则复演着人类在浪漫主义时期的进化历史,这时个体心理和当时的人类社会一样处于"狂飙突击"

"狂风暴雨"之中，充满了各种内部冲突和外部冲突。人们称这种心理发展趋势为"复演式路径"。

2.趋平衡路径

瑞士心理学家皮亚杰基于发生认识论思想，认为个体心理发展的方式是同化和顺应，心理发展的实质是由平衡到不平衡再到平衡的一个过程。在这个过程中，同化与顺应是最重要的调节机能。人们把这种发展模式称为"趋平衡路径"。

3.攀岩式路径

这是基于俄国心理学家维果茨基"最近发展区"理论提出来的。该理论认为，个体心理有两个水平：一个是现在已经达到的水平，称为实际水平；另一个是在有指导的情况下借成人的帮助所能够达到的水平，称为潜在水平。在实际水平和潜在水平之间的区域就是学习的"最近发展区"。个体心理通过"最近发展区"向更高水平发展。具体路径既有直线式，更多出现在青少年期之前和之后；也有曲线式，多出现于青少年期，这是矛盾比较集中的时期。人们将这种发展路径称为"攀岩式路径"。青少年的心理发展多是曲线式的，他们在发展的道路上可能要遇到一些困难并在不断克服困难、跨越障碍甚至绕道而行后才能不断接近发展的目标。

4.危机—去危机路径

美国精神分析学家埃里克森认为，人生的发展是不断遇到危机然后克服危机的过程。他从心理社会发展角度将人的毕生分为八个阶段，每个阶段都有一个主要任务，而每个任务就是一个危机。完成某个阶段的发展任务就是要克服而不是避开这一危机。因此，人们把这种理论观点所体现的发展趋势称为"危机—去危机路径"。埃里克森强调青少年期是一个标准的危机期，是冲突不断增多的正常阶段，这个时期的主要危机是自我同一性危机：个体弄不清自己是谁。按照埃里克森的观点，青少年心理发展就是要克服自我同一性危机,即排除自我混乱、实现自我同一。

(二)表现性趋势

1.旋流式路径

旋流式路径揭示了个体心理发展整体向前但部分停滞、逆向、重复的状态。许多心理学家都曾描述过这种发展路径。发展心理学家格塞尔强调发展是螺旋式的,类似的变化在不同年龄段会有循环。比如 11 岁和 15 岁一般都有反叛性、好斗嘴现象。旋流式路径揭示了青少年心理发展"时进时退"和"退一步、进两步"的发展规律。不过,旋流式发展路径中的停滞、倒退和循环一般是积极的,即它们常常是为进一步发展作积蓄和准备,并协同整体上的向前趋势。

2.跃迁式路径

青少年期个体心理基本是处于"风雷激荡"状态。在此状态下,个体一方面由于成熟水平不高,心理变化容易极端化,这是一种形式上的跃迁发展。这种跃迁并不是始终向前,而且容易出现反复;另一方面,个体也会在完成发展任务和解决矛盾冲突过程中找到突破的契机,实现实质性的飞跃发展。形式性跃迁和实质性跃迁在青少年期是纠合在一起的。一般先是形式性跃迁,然后才是实质性跃迁。

第二节　中小学生心理健康观及心理健康影响因素分析

一、中小学生心理健康观

(一)健康及心理健康的概念

1.健康

传统的健康观念就是身体没有疾病,但随着社会的进步与发展,人们赋予健康越来越丰富的内涵。1948 年,世界卫生组织(World Health Organization,WHO)成立时,在宪章中明确指出:"健康不仅仅是没有疾病和衰弱的表现,而是生理上、心理上和社会适应方面的一种完好的状态。"1989 年,WHO 对健康进行了新的定义,即"健康不仅是没有疾病,而且包括躯体健康、心理健康、社会适应良好和道德健康"。在健康概念中增加了道德健康,是一项新的解释,也体现了社会对人的要求和人自身内在的需求。

健康与体重关系密切。有学者提出健康标准体重公式为:体重指数(Body Mass Index,BMI)＝体重(kg)÷身高(m)的平方。一般公认的指数是:BMI 在 18.5～24.9 时属正常范围,大于 25 为超重,大于 30 为肥胖。有专家建议,中国人体重指数的最佳值应该是 20～22,大于 22.6 为超重,大于 30 为肥胖。如果你属于以下几种情况之一,那么 BMI 的指数对你不适用:未满 18 岁,运动员,正在做重量训练,怀孕或哺乳中,身体虚弱或久坐不动的老人。

1978 年,WHO 提出健康的十条标准。

(1)充沛的精力,能从容不迫地应付日常生活和工作的压力而不感到过分紧张和疲劳。

(2)处世乐观,态度积极,乐于承担责任,事无大小,不挑剔。

(3)善于休息,睡眠良好。

(4)应变能力强,能适应外界环境中的各种变化。

(5)能够抵御一般感冒和传染病。

(6)体重适当,身材匀称,站立时头、肩、臂位置协调。

(7)眼睛明亮,反应敏锐,眼睑不发炎。

(8)牙齿清洁,无龋齿,不疼痛,牙龈颜色正常,无出血现象。

(9)头发有光泽,无头屑。

(10)肌肉丰满,皮肤有弹性,走路轻松有力。

其中前四条为心理健康的内容,后六条则为生物学方面的内容(生理、形态)。

还有专家学者从以下九个方面提出了健康的标准:食得快、

便得快、睡得快、说得快、走得快、良好的个性、良好的处世能力、良好的人际关系、适量的运动。

2.心理健康

心理健康的概念是由心理卫生的概念延伸过来的。心理健康通常是指一种积极的心理状态,心理卫生则是指一切维护心理健康的活动及研究心理健康的学问。心理健康是指持续和积极发展的心理状态,能充分发挥自身潜能,有良好的适应能力,没有心理疾病。持续的、积极发展的心理状态是心理健康的核心。心理状态是人类主观能力的综合体,它包括灵感的火花、创造的源泉、追求的动力,是意志品质过渡的桥梁。只有持续的、积极发展的心理状态才能不断自我完善,适应社会生活,才能在人生曲折的行程中一往无前。

(二)心理健康的一般标准

人的生理健康有标准,一个人的心理健康也是有标准的,只不过人的心理健康标准不及人的生理健康标准那样客观具体。关于心理健康的标准,一直以来是心理健康界关注的话题。世界心理卫生联合会(WFMH)具体地指明了心理健康的标准:身体、智力、情绪十分调和;适应环境,人际关系中能彼此谦让;有幸福感;在工作和职业中,能充分发挥自己的能力,过有效率的生活。《简明不列颠百科全书》上心理健康的标准:认知过程正常,智力正常;情绪稳定,乐观,心情舒畅;意志坚强,做事有目的;人格健全,性格、能力、价值观等均正常;养成健康的习惯和行为,无不良行为;精力充沛地适应社会。我国学者王登峰和张伯源归纳的心理健康指标:了解自我,悦纳自我;接受他人,善于和人相处;正视现实,接受现实;热爱生活,乐于工作;能协调与控制情绪,心境良好;人格完整和谐;智力正常,智商在 80 分以上;心理行为符合年龄特征。根据国内外研究成果,可以把一般人的心理健康标准归纳为智力正常、有安全感、情绪健康、自我意识正确、人际关系和谐、适应能力良好、睡眠正常、行为表现与年龄协调一致（表1-1）。

表1-1　心理健康的一般标准

标准项目	相关表述
智力正常	智力正常是保证人一切活动的前提，如果智力有缺陷，则社会化的过程难以进展，心理发展水平必然受到阻碍，难以独立生存
有安全感	安全感是一种心理感觉。是否能产生安全感，来自多方面的因素，有主观的和客观的。物质上的安全感，能维持自己正常的生活需要
情绪健康	心理健康的人情绪较稳定，且积极情绪多于消极情绪，总体上能保持乐观、积极向上的心态，富有朝气，对生活充满希望，善于控制与调节自己的情绪，既能克制又能合理宣泄，情绪反应与环境相适应
自我意识正确	能够正确地认识自己，客观、全面地评价自己，对自己的生活目标和理想也能定得切合实际，即理想的我和现实的我统一。心理不健康的人要么和自己过不去，对自己持否定的态度；要么对自己的评价过高，感觉过于良好，不切实际
人际关系和谐	心理健康的人乐于与他人交往，虽然在工作学习生活中也会与周围的人出现矛盾或摩擦，但能积极寻求解决问题的方法。心理不健康的人人际关系经常处于紧张状态，不善于与别人相处
适应能力良好	人活在世界上，就要有一种积极的适应机制。当外界环境发生变化的时候，就要做出心理和行为上的改变，与外界环境相协调。适应主要表现在社会适应、学习适应、生活适应三个方面
睡眠正常	心理健康的人精神负担轻，能较好地调整自己的情绪，不会为一些烦恼纠缠不休，入睡相对容易，睡眠质量好，较少有失眠和嗜睡现象。即使偶尔因为某种原因失眠也会很快恢复正常
行为表现与年龄协调一致	不同年龄的人有着与自己年龄相协调的心理和行为表现，心理健康的人应该具有与同年龄段大多数人相同的心理和行为表现。例如，一年级与七年级学生有明显不同的心理特点和行为表现，而同一年级的学生除了有自己与众不同的个性，又有很多与同龄人相同的共性

　　一般而言，一个人只要能够在社会生活中正常有效地工作、学习、交往，就是达到了心理健康的基本标准。但是，心理健康状态不是固定不变的，它随着人的成长、环境改变、经验积累而变化。

— 10 —

（三）中小学生心理健康的标准

中小学阶段是一个人一生中发展最迅速、最活跃、上升势头最强劲、可塑性最大的时期。在这个特殊的时期，他们不仅仅身体的各个器官发展迅速，而且方方面面的心理品质都迅速发展。同时，中小学阶段又是一个人一生中人生观、世界观形成的关键时期。因此，与心理健康一般标准相比，中小学生特有的年龄阶段和心理发展特点，决定了他们具有了与一般标准相同又具备自身特点的心理健康标准。这主要有以下几点。

1. 智力活动正常

智力正常是保证一个人正常生活、学习、工作的最基本前提，也是心理健康的重要标志。在中小学阶段，智力活动正常主要表现为能适应中小学的学习生活，具有积极的学习兴趣和态度，乐于学习，在学习中获得满足感，形成良好的学习习惯。小学生有较强的求知欲，勤奋好学，能圆满地完成学习任务。中学生能自觉努力学习，不怕困难，情绪稳定，乐观处世，不因一时冲动而违反纪律，不因学习困难而忧心忡忡，始终充满朝气。

2. 乐观积极向上

一个人对待工作、学习、生活是否自信乐观，为人处世是否积极向上，在很大程度上取决于在青少年时代人生态度的培养。中小学阶段是一个人人生观、世界观形成的重要时期，可以这样说，这个时期是否形成了健康积极向上的心态，对他将来的人生态度起到了至关重要的作用。当然，中小学生是否能形成乐观积极向上的心态，一方面来自于自身的内在因素，另一方面，也更主要的是外在的成人、教师、家长、同学的影响，因为这个阶段学生对是非好坏的评价更多来自于教师、家长。心理健康的中小学生不是没有消极情绪，而是其主导情绪是积极的。其主导心境始终处于轻松、活泼、快乐的状态。虽然因为学习、生活中的挫折、失败和不幸，也会有悲、忧、怒、烦等消极情绪体验，但不会长期处于消极、悲观不能自拔的体验中，更不会因此而轻生。

3.了解、悦纳自我

小学阶段，学生对自身的评价往往来自于成人，这个阶段是他们了解自我、悦纳自我的起步阶段，教师和家长为了让学生心理健康成长，要让他们懂得自己是独一无二的，看到自己的优点，帮助他们树立自信心。同时也要让他们接受不完美的自己，学会扬长避短，客观地看待自己，不能盲目自信与乐观。心理健康的小学生，不仅能现实地认识自我，承认自我，接受自我，而且还要有自知之明。对自己的能力、特长和性格中的优缺点，能做到客观、恰当地自我评价。能正视现实，生活、学习目标符合实际，不怨天尤人，也不自寻苦恼。

中学阶段的学生，特别是初中生，处在人生发展的茫然时期，人格的发展处在自我同一性与角色混乱的矛盾当中，所以这一阶段更应该帮助学生对自己进行客观的评价与分析，找到自身努力的方向，努力发展自己的潜能。心理健康的中学生了解自己的优势与不足，并能据此来制定目标，合理安排自己的生活。他对现实有较清醒的认识，能够面对现实，并能适时调整自己以适应变化多端的现实环境。

4.人际关系和谐

中小学生更多的是群体学习、生活、游戏，心理健康的学生乐于与人交往，不仅接受自己，也接纳他人，悦纳他人，认可别人存在的重要性和作用。既能与他人相互沟通和换位思考，又能获得别人的理解和接纳。能尊重他人的权益和意见，正确对待他人的短处和缺点，善于与各种类型的人相处，并通过调整自己的认识、情感和行为，充分了解交往对象。在与人交往的活动中积极的态度（如尊重、友善、信任、理解等）大于消极的态度（如敌视、嫉妒、畏惧、猜疑等），在与同伴交往中找到乐趣、归属感和安全感。

5.正确面对挫折

心理健康的学生对周围的事物和环境能做出客观的认识和评价,并能与现实环境保持良好的接触;既有高于现实的理想,又不会沉溺于不切实际的幻想与奢望之中。在遇到挫折和困境时,能表现出较高的耐受性和平衡性,不因此而影响或改变自己的目标和正常的学习生活。能驾驭自己的情绪,用良好的意志力克服前进中的困难。面对学习、生活中出现的不如意、打击、挫折,能从中分析原因,找到解决问题的办法。

6.人格健康完整

人格主要是在先天因素影响下,在后天环境教育共同作用下发展起来的。心理健康的中小学生,其人格作为人的整体精神面貌能够完整、协调、和谐地表现出来,心理活动和行为方式处于协调统一之中,对外界刺激不会有偏颇的情绪和行为反应,待人接物能采取恰当灵活的态度。有正确的人生观,能以此为中心,把需要、动机、目标和行为统一起来,乐于生活、乐于学习,兴趣广泛,性格开朗,胸怀坦荡,办事机智果断,表里如一,行为表现出一贯性与统一性。在品行上,总体上符合中小学生道德规范的要求,不违法乱纪,与学校、社会的要求一致。

7.表现符合年龄

中小学生处在 6～18 岁,是人生观、价值观、知识、品行奠基与形成时期。总体来看,中小学生有其明显的年龄特点,如活泼好动、朝气蓬勃、求知欲旺盛等。具体到每个年龄段又有其明显的年龄段特征,如刚入学的小学生注意力时间短、天真单纯、活泼好动、好奇心强、学习带有很强的兴趣性,从众心理很强,盲目地相信师长。而对于处在青春发育期的中学生突出的特点是独立与依赖相矛盾、成熟与幼稚相矛盾,不再相信教师的权威,爱打扮、关注异性、张扬个性。当然由于学生个体差异,表现在具体学生身上又各有不同，但总体来讲，处在不同年龄阶段的学生应该有相应年龄阶段的普遍心理特点，是共性与个性的和谐统一。

二、中小学生心理健康影响因素

个体（包括学生）心理健康的产生、维持与发展，涉及众多因素。这些因素可归属为两个系统：即个体自我系统和社会系统。下面就从这两个系统说明影响中小学生心理健康的因素。

（一）个体自我系统

个体是心理健康的承载者和实现者。作为有机体与环境相互作用中的本体（主体）一方，个体因素无疑是中小学生心理健康状况发生变化的内在原因，自我系统自然是中小学生个体心理健康机制中的枢纽与核心。在这个系统的众多因子中，相对重要的有以下四个方面。

（1）作为基础的中小学生个体生物遗传及生理健康状况。

（2）中小学生个体已有的知识、经验及隐性的思想意识状况。

（3）具有信息加工及心理调节功能的工具性心理认知能力。

（4）中小学生个体的人格特质。

（二）社会系统

由社会系统所涉及的诱发因素则是个体心理健康发生变化的外在原因。这些因素包括以下几个方面。

（1）学校教育环境与行为。学校作为专门为中小学生成长所营造的一种环境，其教育行为对中小学生的心理健康起着非常重要的作用并负有非常重要的责任。

（2）社会的精神存在及其运动。中小学生作为一个现实存在的社会群体，无疑也要以自己的方式接受社会的精神存在及其运动对他们的影响。

（3）家庭教育环境与行为。家庭中的人口状况、经济状况、文化状况,特别是家庭中的文化特质如教子观念、态度、情感氛围、教养方式、亲子关系以及家长的心理健康水平乃至其婚姻状况等,对子女心理健康的形成与发展都会烙上深刻的印记。

事实上,从中小学生心理健康的维护与促进角度看,在中小学生心理健康的形成、发展中,个体自我因素构成心理健康的自助系统,而社会因素则构成心理健康的他助系统,中小学生心理健康状况有赖于这两个系统各自的功能状况以及系统间交互作用的性质,如图 1-1 所示。

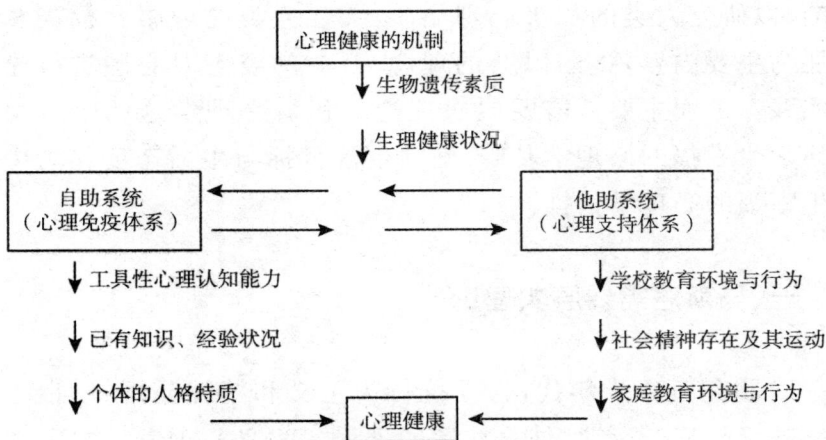

图 1-1　个体心理健康形成发展的机制

第三节　中小学生幸福的心理学基础

在最佳的心理健康状态下,个体与人际和环境因素协调有效、相互作用,从而保证主观幸福感。中小学生是祖国的花朵、祖国的未来,他们的主观幸福感问题越来越受到社会、学校和家长的关注,尤其是中小学生主观幸福感的高低和哪些因素有关,如何提高中小学生的主观幸福感等问题是教育者和研究者们重点探究的问题。幸福感,与人的需要和自身的主观心态有极大的关系。马斯洛的需要层次理论与积极心理学对此进行了很好的阐述，由此也成为中小学生幸福的心理学基础。需要是人们最典型、最基本的心理现象，是人们行为活动的内在驱动力。没有什么能与人类的需要分开，人类创造的一切物质文明和精神文明，都是人类需要的体现。人类有着各种各样的需要，而且这些需要在标准、形式、内容上，都是不断发展变化的。但从满足需要对人类的重要程度来讲，它又有着一定的顺序或者说有着一定的层次。由此，马斯洛提出了需要层次理论，凸显了对人需要的关注，从内心世界探究人的幸福问题。积极心理学倡导心理学的积极取向，以研究人类的积极心理品质，关注人类的健康幸福与和谐发展为主要内容，试图以新的理念、开放的姿态对心理进行诠释与实践。下面主要从需要层次理论与积极心理学这两个方面来论述学生幸福的心理学基础，确立生活目标与生活态度作为中小学生幸福的心理学依据。

一、马斯洛需要层次理论

19世纪五六十年代，为反抗行为主义和精神分析，一批心理学家进行了革新运动，创立并发展了人本主义心理学。在人本主义心理学阵营中，有许多著名的、有特色的人格理论家，其中有人本主义心理学家的领袖人物马斯洛、罗杰斯、罗洛·梅。此外，一些著名的心理学家如戈尔德施泰因、奥尔波特等人也与人本主义心理学有密切的关系。

人本主义心理学家认为单靠财富、繁荣、技术进步等是不可能带给人类真正的幸福的，开始思考在现代化生活条件下如何将人们的幸福最大化，认为心理学应该深入人的内心世界。马斯洛认为个人是一个一体化的有机整体，任何受到触动与刺激的部分都以完整的人的感受来体现，也就是说，并不存在某一部分或者器官的需要，而只能是这个人的需要。当某一部分的缺失得到满足时，整个人都感到了满足。马斯洛指出，只有未被满足的需要才能影响行为。他根据人的内部存在着生活与心理需要的不同层次,提出著名的五层次需要学说。

(1)生理需要。指物质需要,维持生命的基本需要,包括食物、住所、医疗条件、活动、刺激、兴奋以及性生活。在动机理论中,需要与匮乏同等重要,因为它将机体从相对更强于生理需要的控制下解放出来,从而允许更社会化的目标出现,进而由纯粹物质层面的幸福过渡到精神层面的幸福。

(2)安全需要。不仅包括身体的实际安全,也包括心理上和物质上的免受损害。中小学生对于威胁或危险以及各种各样身体上不适的反应较之成人都要强烈得多。对于中小学生来说,一个可以预见的有秩序的世界才是幸福的居所。例如,来自父母家庭或者学校、社会中的不公平,邪恶或者欺骗等会给中小学生带来焦虑和不安全感。

(3)社交需要(也称归属与爱的需要)。前两个需要都反映在个人身上,而社交需要反映了同其他人发生的相互作用,也称为社会性需要。它包括与别人交往、归属于群体、得到别人的支持、友谊与爱情等需要。这一层次的需要脱离了生理内容,开始强调精神的、心理的、感性的东西。

(4)尊重需要。人们需要自我尊重和受人尊重,即按照自己的标准和别人的标准期望得到尊重。生活中几乎所有的人都有自尊、自重以及来自他人的尊重的需要和欲望。

(5)自我实现需要。包括人的成长、发展和充分利用潜力的心理需要。自我实现的人致力于具有内在价值的事业,并把这种内在价值看作自身价值的体现和化身.也把内在价值的显现看作自身成长的过程。

每个人都在人生的不同阶段有着不同的需求或目标,每一阶段目标的实现都是下一个目标的起点.个体正是在一个一个目标的追逐过程中体验成长的快乐与人生的幸福。

二、积极心理学理论

积极心理学是 20 世纪末兴起的一大心理学发展趋向,美国当代著名心理学家塞利格曼是积极心理学运动的发起人和主要推动者。他认为,过去消极心理学只担负了前一种使命,积极心理学要把心理学应该担负的三项使命全部担负起来。

(一)积极心理学的内涵

积极心理学主要研究三个领域:积极情感体验、积极人格、积极的社会组织系统。相对于过去的心理学而言,积极心理学中的"积极"主要包含四层含义。

(1)针对前期集中于心理问题研究的消极心理学的反思与批判。

(2)强调用积极的方式对心理问题做出适当的解释,并从中获得积极意义。

(3)将注意力从关注防御和修复损伤转向人们的生活质量,提升人类生存品质的积极方面。

(4)将研究视野投注到能真正改变人们生活状态,帮助普通民众在现代化生活条件下如何将自己的幸福最大化。

积极心理学主要挖掘人的优点和存在价值,关注人的普通心理机能,肯定人性中积极的方面,提倡对个体实施更有效、更积极的干预,并以此促进个人、家庭与社会的良性发展。

(二)积极心理学理论的"一个中心三个支撑点"

积极心理学理论主要围绕"一个中心三个支撑点",即以幸福感为中心,积极体验、积极人格和积极的社会组织系统为三个支撑点来进行相关研究。

1."一个中心"——幸福感

幸福感作为积极心理学的核心命题,涉及主观幸福感、心理幸福感以及社会幸福感等评价指标。

主观幸福感是个体主观上对自己已有的生活状态正是自己心目中理想的生活状态的一种肯定的态度和感受。积极心理学认为主观幸福感是一个人积极体验的核心，同时也是其生活的最高目标。

心理幸福感的研究强调人生价值与自我潜能的实现所伴随的心理体验。主观幸福感的研究主要关注人们物质需要和需求的满足所带来的情绪情感的体验，而心理幸福感则注重人生价值和自我潜能的实现所带来的情绪情感的体验。

社会幸福感是指个体对自己与他人、集体、社会之间的关系质量以及对其生活环境和社会功能的自我评估。

幸福感涉及主观幸福感、心理幸福感、社会幸福感的这些评价指标，既侧重个体快乐的心理体验，也强调人的积极心理功能的实现，还关注个体与他人、团体、社会之间的关系，将人置身于社会大环境之中，从更为广阔的社会背景里探索人的生存状态。

2. "三个支撑点"——积极体验、积极人格和积极的社会组织系统

三个研究支撑点是相互关联的。

（1）积极体验是基础，只有通过不断增进个体的积极体验，个体才有可能获得良好的发展并形成积极人格。

（2）在积极的人格中，乐观这一积极特质引起较多的关注，关键在于乐观是后天形成的一种人格特质。可以说，积极乐观的生活态度是真正的幸福之源。

（3）积极的社会组织系统为个体积极体验的获得和积极人格的形成提供外部保障条件。

一个多世纪以来，心理学过于关注"障碍、问题、失败"等消极心理方面，而积极心理学则把注意力转移到人的潜能、动机、乐观、希望、幸福等积极品质上来，致力于"如何获得幸福"以发展人的潜能，提升个体主观幸福感为目标，明确积极乐观的态度是个体幸福的源泉。积极心理学认为，人们要求的不仅仅是"结束痛苦"而是"更幸福"，要求以积极的价值观来解读人的心理，激发人们内在的积极力量和优秀品质，帮助个体最大限度地挖掘自己的潜力并获得美好生活。培养积极心理品质是促进中小学生心理

健康成长的根本所在。中小学生正处于人格形成时期,处于积极
人格培养的最佳阶段。教育工作者应该要熟悉各年龄阶段学生
的心理特点,了解各阶段学生最需要重点塑造的积极心理品质。
例如,小学低年级学生,最需要重点塑造的积极心理品质有七种:
热爱学习、好奇心、真诚、宽容、开放思维、洞察力、领导能力。小
学中年级学生,在此基础上增加六种:创造力、谦虚、审慎、自制、
感恩、审美。初中学生,再增加八种:爱、信念、希望、勇敢、坚持、
热情、善良、社交能力。高中学生,全面优化以上品质。

三、中小学生幸福成长与幸福教育

(一)中小学生幸福成长的内涵

中小学生幸福成长的内涵,可从以下几点理解。

1.中小学生要能理解幸福

在不同的条件下,对于不同的人来说,能否产生幸福感,以及
产生什么样的幸福感,有着各自不同的体验。接受同样的事物,
在不同的条件下,对于不同的人来说,能否产生幸福感,以及产生
什么样的幸福感,也有着各自不同的体验,有些体验是正确的,也
有些体验是不正确的。培养中小学生理解幸福的能力,要培养中
小学生对人生具有乐观的精神,对生活充满感恩之心,遇到困难
和挫折能够正确对待。培养中小学生理解幸福,还要注意把自己
的幸福与祖国和人类的未来结合在一起。

2.中小学生要能感受幸福

感受幸福就是能够发现幸福、感觉到有价值的东西,体验和
品味到快乐与舒适的感觉。现实中,不少的老师和家长,并没有
站在孩子的角度,而是站在成人的角度上,代替孩子们对幸福做
出了种种回答。如,幸福就是有丰裕的物质生活条件;幸福就是

让孩子高兴、愉快；要想将来享得福中福，首先要吃得苦中苦；个人的幸福一定要体现在对国家的贡献中才算得上是正当的幸福，等等。成人的心态和观念的错误，导致了种种教育的偏离，使得孩子们远离了幸福。

培养中小学生感受幸福的能力，学校要积极创造有利于中小学生幸福的各种条件，校长、教师要充分尊重中小学生的人格，关注生命的价值，给中小学生自由发展的空间，激发中小学生学习的兴趣和热情，让他们在挫折中品尝和感受幸福。

3. 中小学生要能创造幸福

人的幸福不是别人赋予的，而是自己在对生活创造的过程中逐渐产生的。幸福与品德息息相关，品德高尚的人容易得到他人的尊重、认可与赞赏，心中就会充满快乐与激情，也就越容易产生幸福感。反之，品德低下的人，难以获得长久的幸福体验。因此，要让中小学生有创造幸福的能力，教师一方面必须注重对中小学生进行道德品质教育，养成学生的德性，让学生学会体验和感悟道德的境界，提升幸福的层面；另一方面，要培养中小学生创造幸福的能力，还要让中小学生学会在各种情境下保持快乐的心情，学会给自己解压，遇到困难时，多想想成功的经历与喜悦。

（二）幸福教育

探讨幸福的旨趣，不仅仅需要解释"幸福是什么"，更重要的是要探明教育作为影响人身心的"成人"的活动，学生"怎样去获得幸福"。实际上幸福的教育，可以从两个不同的视角进行探讨：第一，幸福教育的目的或结果是为了人的幸福，是为了幸福的教育。第二，教育的过程是人们体验幸福的过程，是幸福的教育。幸福的教育应该是弥散在教育的全过程，教育过程的幸福与结果的幸福是内在统一的。

幸福的教育是回归人性的教育，它要求关怀中小学生的个体生命，关怀中小学生的当下生活，关怀中小学生的精神感受，真正接触中小学生的精神世界，帮助他们体味幸福、获得幸福，培养学生幸福能力。因此，幸福的教育需要大量热爱职业、享受职业的教师。幸福的教育还需要有一大批能够践行幸福教育的"教育家型"的校长，这些校长能够倡导幸福教育的理念，走进中小学生幸福的教育过程。不仅要让孩子享受教育的幸福，享受成长的快乐；还要让教师享受教育的幸福，感受那种从职业中获得的创造感、尊重感与艺术感。

第四节 中小学心理健康教育的现实意义

中小学生正处在身心发展的重要时期。随着生理、心理的发育和成熟，社会经历的拓展，以及面临学习、升学、人际等诸多的压力，他们的身心健康所受的负面影响日益增大，以致在学习、情绪、人际交往、自我意识等方面，都可能会遇到各种各样的心理困惑。现实多项调查结果说明了中小学生的心理健康水平正在逐步下降，他们的心理素质状况越来越令人担忧。因此，在中小学开展心理健康教育工作，关系到中小学生能否健康成长，同时也是全面推进素质教育的必然趋势。中小学心理健康教育是全面发展教育在新的需要下的发展，是保证人的可持续发展的重要形式。归纳起来，中小学心理健康教育的现实意义在于其促进中小学生全面发展，为教育改革增效提供支持，推动社会和谐发展。

一、促进中小学生全面发展

(一)预防中小学生心理问题的发生，提高心理素质

心理健康教育的两大重要目标就是预防性目标和发展性目标。预防性目标就是要求通过心理健康教育，防患于未然。发展性目标就是发展人的健康心态，开发人的潜能，保持乐观积极的

人生态度。中小学生应具有良好的心理素质、积极向上的健康心态，这是时代的客观要求。随着我国教育改革的进一步深化，中小学生的生理、心理与社会化的协调发展中存在着许多的矛盾冲突，情感与情绪、学业与人际交往问题等深刻地影响着他们的内心世界。中小学生可塑性强，是养成各种良好习惯的最佳时期，好的心理和行为习惯一旦形成就可终身受益。心理健康教育对于促进学生身心的协调成长，提高自身的心理健康水平具有重要的作用。

（二）提高中小学生的社会适应能力

心理健康教育能培养和完善人的社会适应能力，它教育中小学生形成社会责任感，学会认清自身的社会角色地位，能设身处地地考虑问题，妥善处理各种问题，才能适应发展的社会。中小学生不成熟，世界观还未形成，面对纷繁复杂的社会现象常感到茫然，感到困惑、烦恼，甚至产生心理的疾病，干扰正常的学习和生活。学生是具有独立意义的个体，如有的学生活泼好动，有的学生性格脆弱，有的学生倔强冲动，有的学生孤僻不合群……不同的学生有不同的生长环境和思维方式，教育者对所有的学生一视同仁，开展心理健康教育，教他们学会做人，学会生活，使他们具有一定的社会适应能力和生存能力，这也正是心理健康教育的宗旨所在。

（三）提高学科教学和中小学生的学习效果

学习是中小学生生活的一个重要主题。在学习活动中，其自身的心理状况与学习效率及学业成绩的关系非常密切。一个上课不注意听讲、反应迟钝、成绩不好的学生，往往不是因为智力的问题，而是因为缺乏学习动机，或者不懂得如何科学合理地安排自己的学习生活。以交叉学习为例，刚开始学习的时候，可能精力十足，但是时间长了，难免会疲惫不堪。人的大脑也是一样，如果长时间学习一门功课，比如学习历史，刚开始几页的内容可能会记得很清楚,某一个时间段内发生的历史事件也记得比较清晰;但是如果再继续下去,就会发现记忆起来非常困难,甚至连最初记住的那些内容也有些模糊了。出现这种情况时,应该学会交叉学习。当然,交叉学习一定要根据自己的实际情况进行。不能单纯为了追求交叉而盲目、机械地进行交叉。

一个情绪过分低落、消沉的学生,其大脑的活动处于低水平,这样学习效率就低,学习成绩也难以提高。因此,对学生进行学习心理方面的教育,通过合理的方式激发学习动机,让学生了解科学用脑、科学学习方面的知识,培养学生良好的学习习惯,以促使学生的观察、注意、记忆、判断、想象、思维能力的发展,学业成绩的提高也就有了保证。

(四)为中小学生塑造良好道德品质提供前提

很多道德问题和心理问题息息相关,比如反社会型人格就是常常无视社会的规则和他人的利益,以自我为中心,做出侵害社会公共利益的行为;偏执而缺乏共情能力的人往往比较冷漠。这些问题,关系到社会道德,直接影响社会风气。一个心理健康者更易接受思想道德教育,并能内化为自己的信念。加强中小学生心理健康教育,也是加强和改进思想道德教育、推进学校和谐发展的重要任务。只有开展心理健康教育,从小开始培养健康的心理,才能有效减少危害他人和社会公共利益的事件发生。

(五)为中小学生终身发展奠定良好基础

《中小学心理健康教育指导纲要(2012年修订)》指出:"中小学心理健康教育,是提高中小学生心理素质、促进其身心健康和谐发展的教育,是进一步加强和改进中小学德育工作、全面推进素质教育的重要组成部分。"中小学生正处于长知识、长身体的重要时期,也是心理发展的关键时期。他们的心理健康状况不仅关系到他们目前的成长,而且也会影响他们将来人生事业的发展。以学习习惯为例,中小学阶段是良好习惯的形成的最佳时期,培养良好的学习习惯是为学生终身发展打基础的。教育家乌申斯基说："好习惯是人在神经系统中存放的资本，这个资本会不断地增长，一个人毕生都可以享用它的利息。"在学习早期阶段，如果学习习惯在一定途径下得到顺利发展，并形成个体的一种需要，将会在以后的学习活动、社会实践中发挥深刻的影响，并成为导致学生未来在社会结构中位置分化的重要条件。因此，培养中小学生形成良好的学习习惯，有助于学生一生的成长。

中小学阶段是人生发展历程中最为重要的时期。在这十几年的时间里，由于心智发育尚未成熟、完善以及社会经验的欠缺，中小学生在成长路上会遇到许多社会适应性问题，出现各种发展性危机。比如，刚入学时面对新环境的适应问题，人际交往问题，情绪调节问题，家庭亲子关系的问题，人生观、世界观、价值观问题等。这些问题均具有明显的年龄特性和阶段性、规律性。每个成长的个体或迟或早，或多或少都会出现这些问题，是可以预见的。这些成长中的问题，如果不能及时有效地处理，将会严重影响学生的健康成长和终身发展。成人的一些行为问题往往可追溯到他童年或青少年时期的生活，自卑和自负、自我同一性混乱、人际关系问题、恋爱婚姻等亲密关系的建立，这些问题基本上在中小学阶段都能找到根源。

当代社会变化剧烈，挑战增多，压力增大，没有健康的心理作为基础，人们将难以应亡。开展心理健康教育，让中小学生懂得心理健康知识，采取科学的学习和生活方式，避免心理压力的积蓄，减少心理问题的发生，为中小学生的终身发展奠定良好的基础。

二、为教育改革增效提供支持

就现阶段而言，中小学心理健康教育的深化必将对素质教育的全面推进、新课程改革的持续实践和德育改革的进一步深入产生重要的促进作用。

（1）中小学心理健康教育的进一步开展有助于《国家中长期教育改革和发展规划纲要（2010—2020 年）》（以下简称《教育规划纲要》）目标的实现。《教育规划纲要》明确提出"把促进学生健康成长作为学校一切工作的出发点和落脚点"，明确要求让"学生思想道德素质、科学文化素质和健康素质明显提高"。这意味着应把人才培养和学生健康发展置于各项工作的首位，也作为衡量教育质量的核心标准。《教育规划纲要》还明确提出"重点是面向全体学生、促进学生全面发展"，明确强调"加强心理健康教育，促进学生身心健康、体魄强健、意志坚强""加强对学生的理想、心理、学业等多方面指导"。

（2）素质教育的全面推进呼唤中小学心理健康教育的深化。推进素质教育是教育改革发展的战略主题。中小学心理健康教育是全面推进素质教育的基础和核心，也是内在要求。中小学生心理健康成长更是全面推进素质教育的重要目标。

（3）课程改革的持续推进需要中小学心理健康教育的进一步支持。基础教育课程改革是完善基础教育阶段素质教育体系的核心环节。在过去的十余年间，课程改革对推进我国的教育事业和提升学生的综合素质作出了很大贡献，也对中小学心理健康教育起着积极的推动作用。同时，中小学心理健康教育的发展也给课程改革提供了强有力的支持。课改与心理健康教育存在动态下的相互依托、相互促进，使得中小学心理健康教育能够在以下方面对课改的推进助上"一臂之力"。第一，有助于更新教育观念，第二，有助于建立新型的师生关系，第三，有助于提升教育教学质量。

（4）德育改革的深入需要中小学心理健康教育的跟进。新时期未成年人思想道德建设工作和德育改革越来越多地融入了新时期教育发展和德育发展过程中的先进元素，如"情感""体验""生命"等主题和内容，这些主题都与心理健康教育有关。因此，新时期德育改革的深入需要也必将推动心理健康教育的进一步深化。

随着近年来中国社会的飞速发展,各种新问题、新挑战不断出现,中小学生发展中的各种新问题(如大众传播文化、生态危机等)也层出不穷。同样,新时期的德育要在解决中小学生发展中的这些问题上取得实际成效,也需要心理健康教育的跟进。中小学心理健康教育需要更加关注新时期中小学生出现的各种新问题,加强对中小学生的消费辅导、休闲辅导、网络行为辅导等,与德育形成合力,共同促进中小学生的全面健康成长。

三、推动社会和谐发展

现阶段,深入开展心理健康教育无疑是促进中小学生心理和谐的有效途径,进而推动社会的和谐发展。

(一)深化心理健康教育,能有效促进中小学生的自我和谐

心理健康的重要标志是自我和谐。自我和谐就是指一个人自我观念中没有自我冲突的心理现象。自我和谐者的动机和需要与过去的历史、对现实的认知以及对未来的期望密切相关。自我和谐者能够妥善处理冲突和选择,能够了解自我、接受自我,能够接受他人、善于和他人相处,能够正视现实、接受现实,其人格完善和谐。

开展学生心理健康教育,有利于中小学生的自我和谐。中小学生是社会发展的主体,他们的心理健康是内在精神和谐的基础,也是社会和谐的基础。学校是培养人才的机构,也是通过有组织、有计划地对学生施加心理健康影响的最佳场所。深入开展中小学心理健康教育,就是让中小学生平衡对过去、现在以及未来的期望,从而更好地利用生命;学会处理日常生活中的冲突与选择;客观地评价自己,从而努力发展自身的潜力;乐于与人交往,认可他人存在的价值;处理好理想自我与现实自我的关系,从而更好地接受挑战等。中小学生只有自我达到和谐,其心理才会健康;才会有积极的情绪、向上的理想信念、正确的价值观和高尚

的精神道德追求以及坚强的意志；其内在精神才能和谐，才能与他人、与自然和谐相处，积极进取，共同发展。因此，进一步深化中小学心理健康教育，把心理健康教育工作做实，无疑会有效促进中小学生的心理和谐与心理健康，进而在中小学阶段就为他们打下与他人、与自然、与社会和谐相处的良好基础。

（二）深化心理健康教育，能有效促进中小学生的人际和谐

人际和谐，即个体与他人相处融洽，其本质是一种良好情感的社会交换的状态。人际和谐或心理健康的人乐于与人交往，不仅能接受自我，也能接受他人，悦纳他人，能认可别人存在的重要性和价值；同时也能被他人所理解，被他人和集体所接受，能与他人相互沟通和交往，人际关系协调、和谐；能与所生活的集体融为一体，因而在社会生活中有较强的适应能力和较充足的安全感。学校深入开展心理健康教育，能有效促进中小学生的人际和谐。中小学校本来就是中小学生学习和生活的最重要的场所，中小学教育的任务之一就是让中小学生在校园中学习人际交往，发展和谐的人际关系，包括与同学的关系、与老师的关系、与父母的关系。学校深化心理健康教育工作，通过各种形式和途径开展对中小学生的人际辅导与咨询，让中小学生明白积极主动地与人交往、人际交往中坚持人格平等、诚信友爱、宽容、双赢互利是很重要的。

（三）深化心理健康教育，能有效促进中小学生与环境的和谐

人与自然和谐相处，就是指以人为本，坚持人与自然关系的平衡与协调。人与自然的和谐，本质上体现为人类与自然环境的协调发展，核心就是坚持可持续发展的理念。协调人与自然的和谐关系，是构建和谐社会的主要课题之一。中小学生是未来的接班人，他们的心理健康对于在未来的发展中人与自然的和谐共处、减少环境污染和保护资源有着非常重要的意义。目前，人们对于无节制的消费给人类的可持续发展造成的威胁缺乏清醒的

认识,各国政府解决就业问题的办法之一是促进经济增长,而促进经济增长的途径就是"刺激消费"。这种消费脱离了人基本的、正常的生活需要。健康的精神消费能丰富人们对生命意义的体悟,深化人们对生存价值的认识,并且为克服全球生态危机形成强大的道德支柱和良好的社会心理氛围,促进人的全面发展。

学校深入开展心理健康教育,就是要教育与辅导中小学生真正做到以下几点:第一,走进大自然,亲近大自然,与大自然同呼吸,让孩子保持一种自由的心态,乃至增进尊重生命、善待生命的意识。第二,感受大自然,让中小学生真正体验到大自然给自己身心健康带来的影响,以唤起他们对大自然的敬畏之情、感激之情和审美之情,进而唤醒心中的环境保护意识。第三,保护大自然,心理健康教育就是要让中小学生真正具有从我做起的环保意识,让"我们只有一个地球"的呐喊深深植入中小学生的心灵,让中小学生一起行动起来,自觉保护环境,自觉爱护环境,自觉美化环境。

第五节 中小学心理健康教育的基本原则与途径

开展中小学心理健康教育,要保证心理健康教育的实践性与实效性,必须遵循心理健康教育的原则。中小学心理健康教育的原则是教育工作者对心理健康教育工作规律的概括或经验总结,是根据心理健康教育任务而确立的,是开展中小学心理健康教育工作必须遵循的基本要求,对实际心理健康教育工作的开展起到指导作用。在中小学心理健康教育中,有很多途径和方法能够帮助实现目标、达成任务,最终提高学生的心理健康素质。

一、中小学心理健康教育的基本原则

开展中小学心理健康教育工作,不但要遵循学校教育的一般原则，还要遵循学校心理健康教育自身所特有的原则。

（一）教育性原则

教育性原则是指教育者在心理健康教育过程中根据具体情况，提出积极的指导意见，始终注意培养学生积极进取的精神，帮助学生树立正确的人生观、价值观和世界观。心理健康教育的目标应面向未来，要以促进中小学生人格健全、和谐发展为目标，让他们能适应未来发展的需要。学校开展心理健康教育要充分体现社会主义精神文明的特征以及它的时代性和进步性，让中小学生在接受心理健康教育的过程中，潜移默化地受到辩证唯物主义思想的启迪和先进教育道德思想的教育。当然，教育者在进行心理健康教育的过程中要根据中小学生身心发展的规律，要有针对性地实施教育。只有对中小学生身心发展的现状进行调查和分析，使心理健康教育与辅导的内容适合中小学生年龄和发展水平，才能依据教育教学的规律，针对中小学生在学习、生活、人际交往中的矛盾冲突所引起的种种心理问题，帮助他们调整看问题的方法，建立积极的思维模式。这里特别要指出的是，在借鉴西方学校心理健康教育的理论方法和技术时，要充分考虑我国、甚至是不同地区的文化特色和本土需求，不能完全照搬。

（二）保密性原则

在中小学心理健康教育过程中，教育者有责任对中小学生的个人情况以及谈话内容等予以保密，中小学生的名誉和隐私权应受到道义上的维护和法律上的保障。在心理健康教育过程中，尤其是个别教育与辅导过程中，学生会向教育者泄露很多个人的秘密、隐私、缺陷，以及由此而产生的心理和行为的困扰、矛盾、冲突等。教育者有责任、有义务对所有这些信息保密。心理咨询的保密范围包括对学生的访谈内容及相关资料保密，不公开来访学生的姓名、班级、联系方式等，拒绝他人就来访者情况的询问和查阅等内容。同时还要向来访者保证相关人员不会因此而歧视他

（她）。保密性原则是学校心理健康教育极其重要的原则,是心理教育与咨询工作者的基本职业道德。当然,替来访者保密也不是绝对的。当确信来访者有自杀或伤害他人或危及社会安全的意图时,才能立即与有关人员或部门联系,采取必要的措施尽可能加以挽救,防止意外事件的发生。即便如此,也应将泄密程度控制在最小范围内,更不能扩大范围公开。

贯彻保密性这一原则应注意:第一,提高心理健康教育工作者的职业道德修养,应有高度的责任感和事业心。第二,尊重来访学生的隐私。这不仅要求心理咨询教师对来访学生的谈话内容及有关资料予以保密,同时应避免将来访学生的案例作为课堂分析或者科研交流的实例。如在专业工作需要的情况下确实有需要用到来访学生的案例,应隐匿来访者的个人信息。

（三）全体性原则

全体性原则是指心理健康教育工作的对象不仅是那些有心理问题的学生,更应关注的绝大多数正常学生,所以心理健康教育服务的对象应是全体学生。之所以强调全体性原则,是因为:第一,只有把全体学生作为心理健康教育的对象,才能实现学校心理健康教育的目标。如果只顾及个别学生,即使个别学生能够健康成长,也是无法促进全体学生的心理健康的。第二,心理健康教育不只是为了治疗学生的心理疾病,它还包括学生心理素质的培养和心理健康水平的提高。第三,中小学阶段是人生心理发展的关键时期,在学习、生活、社交等方面总会碰到这样那样的问题。由于中小学生知识、阅历都比较肤浅,这就意味着他们急需外部教育的帮助。因此,心理健康教育应考虑大多数中小学生的不成熟,使所有的中小学生都拥有受教育的机会。

心理健康教育既不象"应试教育"那样只关注少部分的优秀生,也不像心理治疗那样以少数有心理问题的学生为服务对象。要考虑到中小学生在心理健康教育过程中"是主动参与还是被动参与,是实践性参与还是形成性参与,是全面、全部参与还是局部、部分参与"。如果只是部分中小学生参与到心理健康教育活动中,那么教育者就应该对未参与的中小学生特点进行分析,采取其他措施以满足其心理素质发展的需要。

贯彻全体性这一原则时,应注意:第一,心理健康教育的内容要面向全体学生共同的需要或普遍存在的问题。第二,开展活动要充分发挥团队和小组的作用。在实际工作中,教师要调动那些心理学爱好者参与的积极性和主动性,并鼓励他们带领同学组成小组或团队,积极参与心理健康教育活动,让更多的学生在参与的过程中去表现、去交流、去感受。

除面向全体学生外,全体性原则的另一个含义是全员参与。心理健康教育不只是心理老师的任务,而是全体教职员工、家长、社区机构、媒体乃至全社会的重要职责。

（四）差异性原则

差异性原则是指心理健康教育要重视学生的个体差异,强调从学生的实际情况出发,依据学生的差异,因材施教,使学生获得最佳的发展。人是有差异的,这种差异既体现在先天的身心特点上,又体现在家庭环境、社会背景、生活经验和价值标准方面。学校心理健康教育与辅导,要根据不同学生的不同需要,开展多种形式的教育和辅导,提高他们的心理健康水平。比如,有的学生性格外向,爱说爱笑,宽容大度;有的学生性格内向,对细小的事情体验非常深刻,自尊心极强,经不得一丝批评。面对这些个性不同的学生,教师要因人施教,才能取得心理健康教育的实效性。贯彻差异性原则,首先要了解学生的个别差异,建立心理档案是一个很好的方式;其次是区别对待不同学生,灵活采用不同方法、手段和技术。

（五）主体性原则

主体性原则是指心理健康教育要以学生的需要为出发点和目标,使学生的主体地位得以实实在在的体现,同时要把教师的科学系统的教育与学生的积极主动的参与融为一体。主体性原则集中而直接地体现了学校心理健康教育的关键特征。这是因为,学生的心灵成长和发展从根本上说是一种自觉的和主动的过程,如果学生没有主动参与的意愿,教育将成为强制性的、毫无意义的活动,学生的心理结构将不能在教育体系下发生根本的变化。而且,心理健康教育本质上是一种"助人自助"的教育,即教师要帮助学生学会自我完善、自我成长。"助人"是手段,让学生"自助"才是目的。

要贯彻主体性原则,要注意:第一,心理健康教育要以学生的需要为出发点。第二,要尊重和理解学生。第三,积极开展形式多样的活动,拓宽心理教育的途径。第四,教师要尽可能了解学生,尤其是要关注学生的兴趣爱好、行为方式等。教师只有进入学生的内心世界,才能引起他们的共鸣。这样,学生才能对教师产生亲切感,从而愿意接受教师的批评和意见。

(六) 整体性原则

整体性原则是指在心理健康教育过程中,教师要有整体的意识,对学生的心理做到全面考查和系统分析。学生的心理活动是一个整体的行为过程,使用某些心理学方法分析学生身心特点有时较为抽象,不易将研究结果还原为现实生活中完整立体的人,而这种整体性正是心理健康教育所要面对的。另外,按照系统论的观点,局部的简单相加之和不等于整体,心理健康教育的各种行为因素有机配合、相互协调,才能够发挥最大的效力。中小学心理健康教育工作应综合考虑个体心理的整体性和统一性,个体身心素质与外部环境的制约性和协调性,对学生心理健康教育工作的分析要从整体、多层次的角度进行,采用综合模式,不应局限于某一种方法和技术。同时,系统中的因素时刻处于互动之中,这种互动常常决定了系统的性质与功能,因此中小学心理健康教育中要着力营造适宜学生心理发展的师师、师生、生生互动关系。

（七）预防、发展重于矫治原则

心理健康教育的功能分为三个层次:第一,预防。预防是面向全体学生,其功能是让学生通过接受心理健康教育,培养心理健康意识,掌握有关心理健康的基本知识和技能,学会应对情绪、人际、学习等所带来的心理困扰。第二,发展。这是帮助学生培养自我认识,了解自己与他人的差距,主动调节自己,提升自己适应社会和情绪调节的能力,能以良好的心态去面对学习与生活。第三,矫治。这是针对一些有心理问题的学生。预防、发展、矫治这三种功能,就整体而言,预防、发展重于矫治。中小学心理健康应走在学生产生心理障碍之前。

二、中小学心理健康教育的途径

中小学心理健康教育的途径主要是指在中小学有效开展心理健康教育所采取的相关渠道或形式。心理健康教育的实施途径是心理健康教育模式中的核心问题。中小学心理健康教育要完成其规定的教育内容、实现其预定的教育目标,就必须通过一定的途径加以实施。学校要整合各种资源,建立以学生为主体,以心理教师和班主任为主导,任课教师和学生家长全员参与的学校心理健康教育的格局,形成以心理健康教育活动课程为主,团体辅导、个别辅导、家庭教育、学科渗透、生态德育、心理宣传等为辅助的学校心理健康教育体系。开展心理健康教育的途径多种多样,不同学校应根据自身的实际情况灵活选择、使用,注意发挥各种途径的综合作用,增强心理健康教育的效果。具体而言,中小学心理健康教育的途径有支持性途径、基本途径、中心途径。

（一）支持性途径:创设符合中小学生心理健康要求的环境

创设符合中小学生心理健康要求的环境,是指学校、家庭、社区、媒体等教育主体要为学生提供促进心理健康发展的环境。由于学生心理的健康发展受学校教育及其校外的许多因素的制约，因此单靠学校方面的力量开展心理健康教育是不够的。学校应该与家庭、社区、媒体等密切联系，协同开展。

学校环境包括物理环境和心理环境。物理环境指学校的主体建筑布局、文化设施和景观、校园美化和绿化等；心理环境指校园精神文化、教风学风、校纪校规、传统风格、人际关系等。学校首先要将教师心理健康辅导工作置于学校心理健康教育工作的优先地位，至少也应与学生心理健康教育同步开展，并通过各种途径强化全体教师对自身心理健康重要性的认识，提高他们的职业修养和心理健康水平。这是学校心理健康教育能否取得成效的重要保障。

家庭环境对孩子心理健康的重要影响已得到心理界、教育界的共同重视，创设符合孩子心理健康要求的环境是学校心理健康教育的基础，是学生心理发展的基石。家庭是情感联结最紧密的人际系统，其中的家庭结构、亲子关系、教养方式（包括父母的情绪、行为和信念、期望）都深远地影响着中小学生的心理健康发展。学校应加强与家庭的沟通和联系，不仅要通过各种方式让家长了解学校正在开展的心理健康教育工作及其成效，而且要通过学校的力量指导家庭心理健康教育的开展，同时还要帮助提高家长及其他家庭成员自身的心理素质和心理健康水平。

除了家庭和学校的努力，心理健康教育还需要社会各界的鼎力支持，因为中小学生在成长过程中不可避免地受到社区、大众传媒等各方面社会因素的影响，并且中小学生最终要走向社会。社会的环境创设，有时是家庭和学校心理健康教育所不能代替的。学校也要加强与校外心理卫生机构、街道居委会、关心下一代协会等社会、群团组织以及其他社区热心人士、志愿服务者的联系，充分利用和挖掘社区资源，建设社区高雅文化和校外心理健康教育活动基地，净化社区环境，发挥社区高雅文化的辐射作用。

环境的创设可以说是一种渗透式的内隐课程，对中小学生的行为、情感、思想都会有重要的影响。学校要结合自己的实际情况,协调、整合各方面资源和不同的心理健康教育模式,使之以有机有序的组织体系全方位服务于中小学生。

(二)基本途径:提供面向全体中小学生的心理健康教育

心理健康教育的所有途径都是面向全体学生的,此处的面向全体学生,是指向全体学生实施每个人都有必要接受到的心理健康教育。这种面向全体的心理健康教育大致可分为如下几种。

1.心理健康教育的课程

课程是学校教育的主要部分,心理健康教育课程是对全体学生进行心理健康教育的主要途径,包括专门的心理健康教育课程以及渗透在学科教学中的心理健康教育课程。

(1)开设专门的心理健康教育课程。即把心理健康教育课程纳入学校的教学计划,做到定时、定点、定员,以保证心理健康教育课程的实施。中小学心理健康教育课程的主要形式有选修课、活动课或专题讲座。

(2)渗透式的心理健康教育课程,是指教师在课堂教学过程中能自觉地、有意识地运用心理学理论和方法、启发学生的学习兴趣,帮助学生提高课堂学习活动的认知、情感与行为技能,促进学生生动、活泼、主动地学习和发展。这是一种全员性的策略。通过学科渗透开展心理健康教育,是以一种自然而然的方式实现心理健康目标,具有潜移默化的效果。实施心理健康教育的学科教学渗透模式,有利于在学校中营造促进学生心理健康的环境氛围,对于提高学生心理素质,提高学科教学效果,促进教师专业发展,有着积极的作用。

2.德育渗透

心理健康教育与德育的关系十分密切。要做好德育工作,必须依托心理健康教育,改善和提高学生的心理素质。一个学生要形成良好的道德品质,必须能够正确认识自己,有较强的自我调控能力;必须要有理解他人、善待他人的良好心理。心理健康教育与德育工作在许多方面是相互交叉、相互重叠的。

3. 班主任工作渗透

心理健康教育不仅是专职心理健康教师的任务,也是班主任工作的重要内容。班主任作为与学生身心发展密切相关的角色,理所当然应该承担起学生的心理健康教育工作。

在缺乏合格专职心理教师的地区,以德育渗透、学科教学渗透和班主任工作渗透的形式开展心理健康教育,将具有更为重要的意义。

(三)中心途径:开展面对个别中小学生的心理健康教育

为了兼顾心理健康教育的全体性和差异性,必须开展面对个别学生的心理健康教育。面向全体的心理健康教育是以学生的总体发展水平和多数学生的生活经验为基础,然而每个学生都是一个独特的个体,面向全体学生的心理健康教育不可能解决每个学生的特殊问题,必须以面向个别学生的心理健康教育作为补充。这类教育主要以心理辅导、心理咨询或心理治疗的方式进行。

心理辅导是针对学生群体进行的,以促进其发展为目标的心理辅助和指导过程,其形式分为团体辅导和个体辅导。心理辅导与心理咨询的最大的差别就在于工作的对象和地点。心理辅导的工作地点是学校或教育机构,对象主要是学生,工作内容以预防为主。心理咨询是采用心理学方法,通过语言帮助人们解决心理问题,促进其适应和发展的过程。在服务对象上,心理咨询面向的是正常人群和有轻微心理障碍的人。心理咨询是以发展取向为主,遇到有严重心理障碍尤其是具有严重心理疾病的来访者时,通常要转介给专门的心理治疗师或精神科医生。心理治疗是对有心理疾病的人进行的以改正其不良行为、情绪情感和认知为目的的心理干预过程。心理治疗必须有诊断阶段，因为心理疾病通过心理测量、评估和诊断才能被确定。心理治疗更像医学模式，先进行诊断，有了诊断结果，才能设计和实施治疗方案。

在学校心理健康教育中，开设心理咨询室（或心理辅导室）进行个别辅导是教师和学生通过一对一的沟通方式，对学生在学习和生活中出现的问题给予直接的指导，排除心理困扰，并对有关的心理行为问题进行诊断、矫治的有效途径。当然，对个别有比较严重心理问题需要特殊治疗而学校又无力解决的学生，学校还应及时"转介"给有关心理卫生机构或医学心理诊治部门，并配合有关专业人员和家长做好这些学生的心理康复工作。

总之，上述基本途径、中心途径和支持性途径共同构成一个相对完整的中小学心理健康教育的途径操作系统。学校在实施心理健康教育时，既要注意各种途径的相互结合和补充，也要根据各地区、各学校的实际条件，发挥优势，弥补不足。

第二章　中小学心理健康教育的组织与管理

加强心理健康教育是中小学全面管理学校的重要内容,也是高学校管理质量的重要举措。中小学心理健康教育需要一定的组织和管理,以提高心理健康教育的规范性、科学性和实践性。由于没有明确的国家学科课程标准,心理健康教育的开展具有较大的主观随意性,因此,建立科学合理的心理健康组织管理结构,是中小学心理健康教育有效开展的必要保障。本章将围绕中小学心理健康教育的组织和管理展开论述。

第一节　中小学心理健康教育活动的策划与实施

一、中小学心理活动的策划与实施

中小学心理活动作为学校开展心理健康教育活动的一种重要方式,通常以某一心理主题为中心,安排多层次、多侧面的相互关联的分主题,由学校心理健康教育中心策划、发起一系列活动,组织学生、教师、家长参与,给参加者以多样的、全面的心理影响的系列性主题活动。

(一)中小学心理活动的策划

中小学学校心理活动的策划一般分为以下几个环节。

1.制定机制

要保证心理活动能够顺利地开展，就必须有一套良好的运作机制。良好的运行机制可以保证活动在执行的时候具有一定的弹性，不要拘泥于文本的条条框框。

2.动员准备

学校心理活动是一个全校性的活动，可通过宣传画、广播等形式向全体师生宣传心理活动的目的、内容、形式和方法，再由班级心理委员向班级同学宣传和讲解，使全校学生都可以接收到相关的资讯，促使同学们积极关注主题活动，让更多的人能投入活动中来。

3.选好主题

主题是活动的灵魂。"心理健康教育"是笼统的总主题，学校可以围绕这一核心主题设计若干分主题。对于每一个分主题，要切合学生的心理实际，符合学生的心理需求；要有典型性，能代表困扰多数或部分学生带有共性的心理问题；要有可操作性，能以学生的活动为主，在活动中体验和思考；要有启迪性，能启发学生对可能遇到的心理问题预先进行调适。每一个分主题要分别从一个侧面阐释总主题，互相之间又能相辅相成、形成有机统一体。

4.活动编排

心理活动可分为情境设置与知晓、认知调整与思辨、行动促进与达成等环节，活动步骤可根据相应分主题进行拟定。一般来说，活动的编排由学校心理健康教育中心担任指导工作，心理社团成员或各班心理委员参与编排，指导教师可以提出专业性、针对性强的建议给参与组织的学生，并且将管理与组织的观念与能力在言传身教的过程中传递给学生。编排的学生根据自己的立场和理解给予教师积极的反馈，对指导教师的意见和建议做必要的补充。

5.场景设计

活动应考虑环境的布置、座位的安排、音响的烘托等。比如，在不同的分主题会场播放不同的音乐，或通过醒目的宣传语、咨询专栏、黑板报、张贴画等营造氛围。通过精心创设的物质环境、文化环境、人际环境，令参与者有耳目一新的感觉。

6.时间安排

可利用班会课、选修课、自习和课外活动时间，鼓励学生选择感兴趣的分主题参加活动，通过讨论、练习、表演、分享、交流等，体验喜怒哀乐，思考是非得失，提高相关的心理素质。在这个过程中，教师观察、理解、引导学生，与学生形成合力，产生整体效应。

(二)中小学心理活动的实施

1.宣传造势

心理活动的宣传力度应相对较大，可以通过宣传海报、心灵广播、心理委员组织的班级讨论、同学们的口耳相传等途径，使一些对心理活动不了解、积极性不高的同学也能被带动起来，对活动所涉及的心理知识、健康观念直接或间接地吸收接纳，调整认知，增长知识，提升观念，产生参加活动的兴趣和激情。

2.总结提升

一周或一个月的集中活动告一段落并不等于"心理活动周"或"心理活动月"的结束。活动后的总结和评价、追踪和反馈、拓展和强化，也是学校心理活动必不可少的一个环节，可以使整个活动的意义得以升华。

3.媒体报道

新闻资源、网络资源的整合，是扩大学校心理活动影响力的有效途径。媒体即信息，通过媒体进行活动宣传和报道同样也是一次信息的制作和传播。学校不仅可以在自己的网站、校刊上刊登宣传心理活动，同时还可以通过投稿、邀请新闻媒体等方式在其他媒体上打造自己的先锋形象。

二、中小学心理社团的建设与管理

中小学心理社团的建设与管理也是中小学心理健康教育活动的重要形式之一。

（一）中小学心理社团的建设

1.组建心理社团

不同社团的活动性质决定了社团规模的大小。有一些社团活动的开展需要较多的成员参与效果会比较好，而像心理社团则是较小规模活动的效率会大大提高。一般情况下，心理社团的成员以 10～20 人为宜。同时，社团必须有一名专业的指导教师。一般来说，学校的专职心理教师或心理健康教育负责人担任指导教师较为适宜。

2.制定社团章程

心理社团单靠学生自身，很难达到严谨有效的自我管理，学校需要加以规范管理，形成严密、有序的管理体制。为确保心理社团活动的有效开展，社团在成立之初有必要与社员一起制定社团章程。章程可以包括以下内容中的几项或全部：宗旨与目的、日常管理、成员人数、出勤要求及规定、活动经费、奖励办法等。

心理社团是培养学生创造力、提升学生心理素质的地方，而不是将学生往一个模子里放、机械化生产的地方。因此,心理社团的规章制度不需要面面俱到,要有利于社团的发展,如避免使用"必须""不准"等词汇,可以使用更多的正面词汇积极鼓励。心理社团的规章制度其主要目的在于培养学生之间互助、合作、自治以及治人的精神品质,创设宽松、和谐、有序的环境和氛围。

3. 选举心理社团社长

心理社团的成功与否,社长将起非常关键的作用。心理社团的社长是保证一个社团正常运作的基本条件,社长在社团成员的选举下产生,这是自由民主的体现。可以通过本社团成员酝酿、社团负责人自荐、指导教师把关,经过民主选举产生心理社团社长,并实行一段时间的观察和考验,最后确定心理社长的人选。当然,由心理社团指导教师直接认定或由上一届社长直接指定社长人选,而其他社员无异议的情况下,也是可行的。

4. 社团定期纳新

一般在新学年开学初,心理社团需要进行纳新活动。纳新离不开对心理社团的宣传,指导教师可以组织老社员一起,在学校校报、走廊两侧的展示区域、宣传栏中刊登和张贴宣传广告,内容包括心理社团的宗旨、纳新的要求以及以往社员在心理社团生活中的喜怒哀乐……如果经过精心组织和策划,学校的广播和电视节目也可以为心理社团的宣传作出不可估量的贡献。对于报名参加心理社团的学生,指导教师与老社员还需对其进行考试筛选,经过考试人选的社员更符合心理社团的精神,同时,社员对来之不易的机会也会更珍惜,对后继顺利开展社团活动有着积极的作用。

5. 制订活动计划

心理社团的活力体现为丰富多彩的社团活动,社团活动的组织水平也往往标志着心理社团的发展水平和管理水平。好的制度和计划才可能为社团的发展带来前进的动力并保证发展的方向与效果。

一般情况下，心理社团活动计划要由社员和指导老师一起共同制订。在制订社团活动计划时，应考虑以往的经验教训、其他学校心理社团的先进经验、学校其他社团的经验与做法，以及社团和学生的现实状况等。心理社团活动内容不能一成不变，应给予学生创造性的机会，多鼓励学生创新，制订新的计划，尝试开展新的活动。对于社员提出的创新意见，指导教师要积极鼓励和支持，不能一棍子打死。

活动计划中还应包括时间、场地的安排。关于心理社团活动时间的安排，可以是放学后、中午或团体活动课时间；如果是住宿制的学校也可以安排在晚上。

心理社团活动的地点一般选择在团体心理辅导室为宜，因为团体心理辅导室比较温馨，有些辅导室还可以席地而坐，不受课桌的限定，灵活多变，有利于拉近社员的心理距离。当然，也可以根据活动的性质安排在礼堂、餐厅、图书馆或体育馆。

（二）中小学心理社团的管理

中小学心理社团的管理需要做到以下几点。

1."不越位"与"到位"

在对心理社团的指导和管理上，往往存在着两种偏差。一种是认为学生还小，教师不能放开手，心理社团活动必须由教师认真组织，学生只要按照要求认真参与就可以了；另一种就是对心理社团活动甩手不管。这两种情况都是在心理社团管理中所应该注意的。

心理社团的管理应做"不越位"。社团指导教师要充分认识"学生是心理社团的主人"。改变"自上而下"的工作模式，将心理社团开放为学生活动的天地和乐园。

心理社团的管理还应做到"到位"。指导教师应与学生共同配合,以心理社团本身的独立自主和开拓创新为主,变过度干预为适度引导,给予支持,提供必要的指导。教师还应与学校后勤等相关部门联系,为心理社团开展活动提供必要的支持和帮助,形成学校领导、行政支持、心理辅导站具体管理,各部门共同关心的管理格局。

2."有意义"与"有价值"

参与心理社团活动对于学生而言,是一件愉快和充满乐趣的事情,但是心理社团活动不能单纯地停留在娱乐的层面。

活动的设计和安排要"有意义"与"有价值"。心理社团活动必须有利于学生成长,充分为学生提供各种机会与平台,加深学生活动的参与度,培养和发展学生的心理素质,通过同辈群体间的交往,培养学生的计划、组织和实施能力。在这个过程中让学生体会到心理社团活动的意义和价值,在"有意义"与"有价值"的基础上,再考虑娱乐休闲的功能。

3."等拨款"和"拉赞助"

中小学心理社团的经费来源,还是应以学校支持为主,社会赞助为辅,不建议向社团成员征收会费。如果社员能主动去拉赞助,则是非常有利于成员成长的一个环节。常见的做法有:为对方提供劳动,获得报酬或活动资助;与对方共同承办活动,对方出钱,学校做好全方位的活动服务;通过义卖、募捐等其他手段筹措活动经费等。如在一些学校,人们时常会看到学生在校园里摆摊卖一些糖果或者鲜花什么的,原来他们都是在为自己的社团筹集活动经费。社团活动本身就是一个教育过程,解决社团经费的过程同样也可以起到教育意义。像这样的适当放手,可激发社团成员的积极性,也让学生有接触社会的良好机会。

经费的使用一般包括购买器材、邀请校外人士讲课或表演、组织各种比赛、参观、联谊会、印刷刊物、颁发奖状纪念品等。

4."计划性"与"生成性"

心理社团活动需要有长远和具体的活动计划,而不是脚踩西瓜皮,滑到哪里算哪里,不是自由活动,不是随心所欲地"扯"或"玩"。不过,心理社团活动的"计划性"与社团活动应具有的"生成性"的特点并不矛盾。

心理社团活动本质的特性是生成性,这意味着每一次社团活动都是一个有机整体,而不是根据预定目标的机械装配过程。随着心理社团活动的不断展开,新的活动目标不断生成,新的活动主题不断产生,社员在活动的过程中,对心理知识的认识和体验不断加深,创造性的火花不断进发,这是心理社团活动生成性特点的集中体现。因此,对心理社团活动的整体规划和周密设计不是限制其生成性,而是为了使其生成性发挥得更具有方向感、更富有成效。

5."巧展示"与"重体验"

为丰富学生的课余生活,展示各社团的活动成果,调动学生参加社团的积极性,不少学校每年都会举办社团展示活动,对近一年来社团活动进行一个总结性的汇总和展示。心理社团展示的不是吸引眼球的表演,也不是自卖自夸的宣传和推销,而更应该关注学生是如何开展心理社团活动,在开展社团活动中遇到了哪些困难和问题,社员合作解决问题的情况如何,采取什么方法解决了困难,其中的情感体验如何……

因此,心理社团的展示应重在情感体验,重在过程评价。如果不能触动学生的情感体验,不能引起学生的情感共鸣,不能反映学生的主观心理世界和内在心理素质,就没有意义。

三、中小学心理健康教育的宣传与推广

中小学心理健康教育活动还有一个重要的方面,那就是中小

学心理健康教育的宣传和推广。学校心理健康教育宣传工作如果做得精彩,关注与参与心理健康教育工作的人数就会增多。

(一)建立组织机构

学校心理健康教育的内容靠宣传,心理健康教育的方式也靠宣传,做好心理健康宣传工作不仅能推动心理健康教育工作,也能扩大学校心理健康教育工作的影响与辐射面。学校可以成立心理健康宣传工作领导小组(一般与学校心理健康教育工作领导小组相统一),并由学校心理辅导站具体负责心理健康宣传与推广工作的统筹、协调和管理。

(二)健全工作制度

学校可以制定一系列规章制度,推进心理健康宣传工作的制度化和规范化,完善心理健康宣传工作运行机制。同时,学校心理健康宣传工作领导小组可以根据建立的宣传工作运行机制优化、固化工作流程,并采取积分制的办法,对各种心理健康宣传工作情况进行有效的量化评分。

(三)注重专业化、形象化和具体化

心理健康宣传和推广,首先要保证宣传内容的科学性及专业化,这是学校心育宣传工作的前提。专业化强调的是经过实证研究、科学方法检验所得出的结论,宣传要有理有据,有证可查,而不是简单的主观臆断。

其次,心理健康宣传要尽量做到形象、生活化。心理健康教育的专业术语往往都是抽象而枯燥的,所以,学校可以尽可能用形象化、生活化、贴近学生实际和理解水平的语言,或用图片来表达心理健康的专业内容,选择心理健康对生活有用的内容,则更容易被学生接受,也更能引起学生的共鸣。

最后,心理健康宣传可以通过故事、问题使心理知识具体化。故事是人类文明传承的基本方式,容易记忆,也容易打动人,将心

理知识用故事的形式表述出来，会更有吸引力。同时，宣传组织者可以将心理知识设置成问题抛给受众，或者在故事中夹带若干问题，经过思考后再给予答案。这样，引发思考的问题及相关的心理知识就会被记忆得更深刻。

（四）创新宣传模式

心理健康宣传和推广的内容、载体、方法不能千篇一律、多年如一、脱离时代。宣传和推广工作本来就是吸引别人来看来听的，所以，学校应在创新心理健康宣传和推广工作的模式上下功夫。主要包括心理健康宣传工作内容、载体、阵地方面的创新。

1. 焦点、热点、难点

心理健康教育的宣传和推广应围绕心理健康热点、焦点、难点问题深入开展，向学生提供权威便捷的信息，结合学校的具体情况增强宣传的针对性，有层次、有重点、分年级展开心理健康宣传。

针对一部分学生对心理健康存在误解的，学校可以发挥心理委员、心理社团中学生骨干的带头作用，通过榜样来感染周围的学生；针对学生普遍关心的心理热点问题，如新生适应、人际关系、学习压力、考试焦虑、青春期困惑等问题可以开辟专场宣传；对学生不容易理解、接受的心理健康知识难点，学校可以通过多渠道的宣传形式，多次进行宣传，务必使每个知识难点都被深刻理解。

2. 形式新颖灵活

首先，学校心理健康教育宣传小组可针对学生的身体发展规律及普遍关心的心理问题，每月举行专场宣传。同时，也可以根据心理健康工作的进展情况适时开展宣传。

其次，学校不仅要围绕学生普遍关心的心理问题进行专场宣传，还要根据教育部印发的《中小学心理健康教育指导纲要（2012

年修订)》的要求,对其他必要的心理健康知识进行宣传,确保学生对心理健康知识有全面系统的了解。

最后,学校单纯地通过广播、海报、宣传栏、讲座等传统形式的宣传已不能满足学生日益增长的需要,在网络时代,学校需在原有宣传形式的基础上大力拓展多种媒介的网络宣传,如心理健康网站、心理健康论坛、心理微信群、电子杂志、QQ 心理助力、网络课堂等途径,扩大学校心理健康宣传和推广的影响力,使师生和家长对心理健康教育知识有更深刻的理解。

3. 构建立体阵地

中小学心理健康教育宣传与推广不能固守老阵地,应努力构建特色鲜明、功能全面、辐射广泛的立体宣传阵地。

首先,学校心理健康教育宣传小组要主动加强与电台、电视台、报纸、杂志、网站等媒体的沟通联系,共同策划各种心理健康宣传活动,让媒体深度参与其中。如果是长期系列的心理活动,则最好有固定的媒体宣传班底蹲点常驻,不仅活动有系列性和延续性,宣传也具有连续性和传承性。

其次,学校心理健康教育宣传领导小组应联系劳技、信息技术教研组,做好学校心理健康教育网站的建设工作。

第二节　中小学心理健康教育的管理体系构建

一、教育部门对心理健康教育工作的管理

从目前的实际来看,教育部门对心理健康教育工作的管理主要包括行政推动和业务指导两个层面。

(一)教育行政部门对心理健康教育的管理

教育行政层面,目前我国把心理健康教育归属于德育和思想政治教育。在基础教育领域,其管理体制是:教育部基础教育一司德育处——各省、自治区、直辖市教委(教育厅)德育处(或称宣传部、思政处)——各区、县教育局德育科(室)——各学校德育组。教育行政部门对心理健康教育的管理主要体现在制定和出台相关政策,以及整体上规划、监督和指导心理健康教育工作的开展。总体上,教育行政部门为心理健康教育提供规章制度保障。例如,教育部就曾经陆续出台了《中小学心理健康教育指导纲要》《中小学心理健康教育指导纲要(2012年修订)》等文件,这些文件成为地方教育部门推动学校心理健康教育工作开展的重要依据,也是学校心理健康教育走向规范化和常规化的重要前提。

(二)业务部门对心理健康教育的管理和指导

业务层面,就全国范围而言,教育部设立了中小学心理健康教育专家指导委员会,加强对全国中小学心理健康教育工作的指导。多数省也都设立了省级学校心理健康教育指导中心,挂靠在师范大学、教育学院或者教科所等拥有专业资源的高校或教科研机构中,负责心理健康教育各项政策和措施的具体实施,并依托专家资源指导和推动学校有效地开展心理健康教育工作。

除了心理健康教育指导中心和委员会,为心理健康教育提供专业指导的另一个重要机构是各级教研部门。教研制度是我国教育的一大特色,教研部门往往隶属于教育厅(局),拥有完整的省、市、县工作机构体系,负责贯彻教育教学的相关政策,指导和推进所在地区的教育教学工作。《中小学心理健康教育指导纲要(2012年修订)》就明确提出:"要建立中小学心理健康教育教研制度,各级教研机构应配备心理健康教育教研员。"各级教研部门配备心理健康教育教研员,把心理健康教研纳入教研工作体系中,建立制度化、常态化的心理健康教育教研机制,将有效提升心理健康教育工作的科学性,推进心理健康教育的进一步深入和区域协调发展。目前,许多省、市、县的心理健康教育教研员已经陆续配备,将为推动心理健康教育工作的开展起到积极作用。

二、学校对心理健康教育工作的组织管理

(一)学校对心理健康教育的管理机构

在学校中,与心理健康教育相关的组织管理机构主要包括如图 2-1 所示的几个部分。

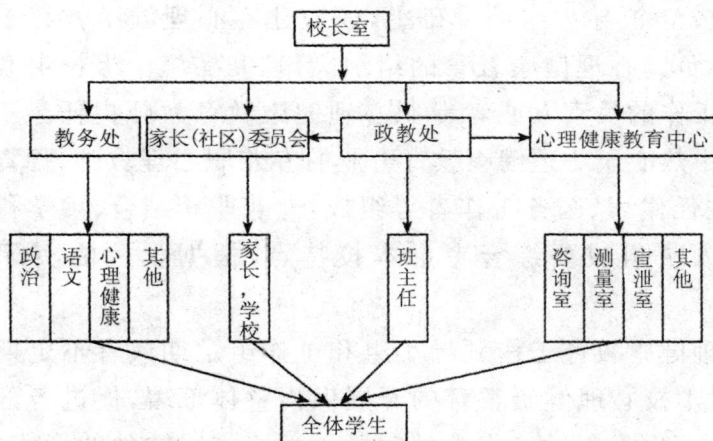

图 2-1 中小学心理健康教育工作的组织管理体系

1.校长室

校长室是在校长领导下,全面负责学校心理健康教育工作的管理机构。目前,在大多数学校,心理健康教育由分管德育的副校长负责。统筹学校心理健康教育工作的委员会(小组)的主任(组长)通常由负责该项工作的校长或副校长兼任。

2.心理健康教育工作领导小组和工作小组

为了更好地开展工作，促进各部门之间的协调配合，充分发挥心理健康教育的功能，学校需成立相应的心理健康教育工作领导小组，在管理工作中起行政保障作用，以便组织、协调各部门心理健康教育的工作，营造政策环境，排除工作阻力。领导小组组长（主任）由校长或分管副校长兼任，成员包括学校有关职能部门负责人，例如教务主任、政教（德育）主任等，以保障业务工作的行政支持和高效运行。心理健康教育工作的负责人（心理健康教育中心主任或者专职心理健康教育教师）应参加领导小组，以便在管理工作中起好上下纽带作用、左右协调作用和业务保障作用。

在成立领导小组的基础上，还应建立心理健康教育工作小组，具体负责心理健康教育的组织、管理和实施。组长由心理健康教育工作的负责人或者专职心理健康教育教师担任。工作小组成员由热心于心理健康教育事业的专兼职心理教师、德育工作者、班主任代表、医务工作者等组成，专兼职相结合、多学科相结合。其人员组成要综合考虑本校特点，根据学校的实际情况而定。

心理健康教育工作领导小组和工作组定期或者不定期召开会议，对学校心理健康教育的开展做出整体部署，促进各部门之间的分工配合，商讨工作中的问题。学校应以文件的形式，明确心理健康教育工作领导小组和工作小组的成员构成、分工和职能，从而利于管理。

3.心理健康教育中心

心理健康教育中心是在校长直接管理下，具体负责学校心理健康教育各项工作的部门。它的地位高于其他处室或者与其他处室平级。一个健全完善的心理健康教育中心通常由中心主任、专职心理教师、兼职心理教师等组成。心理健康教育中心负责制订学校心理健康教育的整体工作计划，对其他处室提供心理健康教育方面的专业建议,确保心理健康教育充分发挥对校园文化、学校管理、学科教学、教师和学生心理健康方面的促进作用。在一些没有条件设置心理健康教育中心的学校,其主要功能通常由校内的心理辅导(咨询)室承担。

4.政教处(德育处)

政教处(德育处)是在分管德育的校长的管理下,协助心理辅导室做好心理辅导工作的主要机构之一。在目前情况下,中小学心理健康教育和德育工作存在密切联系,于是在实际工作中,许多学校的心理健康教育教师直接归属于政教处,心理健康教育工作也常常由政教处主任直接管理。因此,政教处也成为和学校心理健康教育关系密切的管理部门。用传统德育教育方法难以说服的学生,往往需要寻求心理健康教育教师的专业支持;而心理健康教育教师也可以通过和班主任的配合,更好地开展心理健康教育工作。例如,开展心理健康教育主题班会、开展心理健康团队活动、设立班级心理健康委员等。

5.教务处

教务处是在分管教学的校长的管理下,协助做好学生心理健康教育工作的主要机构之一。教务处主要负责心理健康教育课程的安排,保证心理健康教育有足够的课时,保证心理健康教育教学质量。福建省教育厅的文件规定:"2013 年前,我省乡镇中心小学以上的中小学校均应创造条件开设心理健康教育活动课,纳入教学计划,保证每周至少一课时。"而这些课程的具体落实,要由教务处在学校的整体课程中统筹安排,合理解决。

6.家长(社区)委员会

家长(社区)委员会是受校长室领导,负责家校合作,协助学校开展心理健康教育工作的机构。主要由家长代表、居民委员会及其他单位负责人组成。随着心理健康教育理念的发展,家校合作的重要性也日益受到重视。心理健康教育工作的良好开展,更离不开家长的积极参与,离不开学生所在社区的支持和配合。

(二)学校对心理健康教育的管理模式

中小学心理健康教育的管理模式,从开始到现在,比较常见的有以下几种模式。

1.教研组模式

在学校心理健康教育开展的早期,学校缺乏对心理健康教育工作管理的经验,且缺乏合格的心理健康教育教师,人们又往往将心理健康教育工作与德育工作等同起来,导致大量的政治等其他学科教师兼职从事心理健康教育工作,于是出现了心理教师与政治(或语文等其他学科)教师的身份合二为一的管理模式。直到现在,还有部分学校保留着这种管理体制。这种管理模式统称为教研组管理模式。事实证明,这种管理模式并不适合学校的长期发展。

2.教科室模式

教科室模式是将心理健康教育工作置于教科室的管理之下,心理健康教师是教科室的成员。

这种管理模式比教研组管理模式更进一步,将心理健康教育工作上升到较高层面上,有利于深化心理健康教育的各个领域;这种管理还可以借助教育科研的力量,开展心理健康教育的校本研究,有利于对学生的心理健康状况进行监控,有利于对心理健康教育进行评价。不足之处在于,心理健康教育的教科室管理容易将科研与教育混淆。

3.德育管理模式

德育管理模式是将心理健康教育工作置于学校学生处或政教处的管理之下。

德育管理模式的优点在于可以使心理健康教育工作更加贴近学生生活与班主任工作,使心理工作与德育工作有机地结合在一起,提升了德育工作的实效性。

德育管理模式的缺点是容易将德育工作与心理健康教育工作相混淆;德育管理的方法与心理健康教育工作的管理方法是不同的,在管理上可能有一定的难度;使心理健康教育工作局限在德育的范围内,降低了心理健康教育工作在学校中应有的作用。

4.心理教研组模式

设置独立的心理健康教育教研组,纳入学校整体的教学管理之下。这种管理体制有利于心理健康教育获得与其他学科同等的地位,也有利于心理健康课程的规范化。

5.全面渗透模式

以上几种管理模式各有优点,也各有缺点。从最大限度地推进学校心理健康教育工作的角度思考,应该建立第六种管理模式,即全面渗透模式,将心理健康教育工作提升到整个学校层面上来考虑,具体如图 2-2 所示。

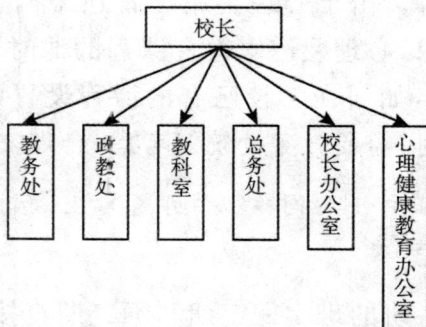

图 2-2 校内心理健康教育的全面渗透模式

心理健康教育中心(办公室)将心理健康教育工作与教学、德育、科研、总务、咨询辅导等工作有机地结合起来,将心理健康教育工作全面渗透到学校的方方面面。中心的工作领域是整个学校,服务对象是学校所有的学生、教师、家长、职工、管理者等。

这种管理模式的优点是将心理健康教育工作全面渗透到学校工作的各方面，极大地提高了心理健康教育工作在学校中的地位。

这种管理模式的局限在于需要学校投入大量的人力物力乃至继续教育资源，要求心理健康教育工作者具有较高的素质，心理健康团队中需要兼具擅长心理教育、心理测评与诊断、心理咨询与治疗以及教育心理、管理心理的专业心理学工作者。校长需给予心理健康教育中心较大的工作权限，并协调好心理健康教育中心与其他处、室的协作和互动关系，对校长要求较高。

(三)学校对心理健康教育的管理机制

设立了机构，没有相应的运行管理机制，其工作效率是没有保障的。组织管理机构以及制度的建立可以在短期内完成，而业务工作机制的落实则需要长期的业务积累和磨合。以下几项内容需要重点考虑。

1.心理健康教育活动课的课时安排

心理健康教育的教学工作纳入学校教务处，按学校教学管理要求进行严格管理。由于心理健康教育还未出台国家层面的课程标准和教学要求，心理及健康教育课程的课时还缺乏教育法律法规的保障，因此，如何在学校已有的课程设置中合理安排心理健康教育课的课时，需要教务处统筹考虑，合理安排。

2.与各班的班主任共同建立"问题学生"预警系统和信息反馈系统

预警系统由各班的班主任定期和不定期直接填写"问题学生情况摸底调查表"，直接报送学校心理健康教育中心，把学校心理健康教育中心建设成为学校"问题学生"信息的"神经中枢"。反馈系统由班主任填报定期下发的"辅导学生情况反馈表"。预警系统和反馈系统的人员必须严格遵守学校心理辅导保密工作条例，否则，将受到学校的行政批评等处分。

3.心理健康教育工作的激励机制

心理健康教育工作和其他学科的教学既有共性,也有差异。如何建立符合心理健康教育教师工作特点的激励机制,既是学校管理规范化的要求,也是激励心理健康教育教师投入此项工作的必要保障。例如,可以考虑把心理辅导工作、心理健康教育科研工作以及相关学术讲座和报告,纳入学校科研管理和激励机制,与晋升专业职务挂钩,并获得相应的科研补贴或奖金。

总之,学校心理健康教育是一项系统的教育工程,它需要校内外自然环境因素和社会环境因素的紧密协调和配合,需要学校行政、教师、学生、家长之间的联结互动。

第三节　中小学心理辅导室建设

一、中小学心理辅导室建设原则

(一)科学性

心理辅导室不是简单的办公室、会议室,其建设除具备办公、会议等功能之外,还应有心理辅导的氛围。例如,应当有心理辅导的专门区域,要配备专门的心理辅导工具。

(二)通用性

心理辅导室应面向全体学生,通过普遍开展团体辅导活动,使学生对心理健康有积极认识,使心理素质逐步得到提高。其建设应通透流畅,适合开展团体活动。

（三）针对性

心理辅导室的建设应遵循学生的成长发展规律，符合学生的年龄特点。同时，关注学生的个体差异，针对不同特点的学生，开展不同形式的心理辅导。

（四）独特性

心理辅导室的建设不能像肯德基、麦当劳一样千篇一律、千人一面。除具备基本的心理辅导功能外，每个学校都应当考虑心理辅导室建设的差异化和个性化，强调独特性。

（五）以学生为本

以学生为本，以教师为执行者。心理辅导室的建设应从学生的角度充分考虑，关注他们的所思、所想、所喜、所爱。学生是心理辅导室的主体，教师应充分启发和调动学生的积极性，激发学生的参与热情。

二、中小学心理辅导室建设内容

（一）中小学心理辅导室的命名

目前，绝大部分中小学都设置有心理辅导室，这些心理辅导室的名称分为两类，一类是"心理咨询室（中心）""心理辅导室（中心）"等专业色彩浓厚的名称。另一类是如"阳光心理室""青春心理屋""知心朋友屋"等专业色彩较为淡薄的名称。

对中小学而言，学校心理辅导室的命名方式要尽量避免医学化倾向，而更多体现其发展、预防和教育的特性。例如，心理健康教育中心、心理发展指导中心、心理辅导室、心理素质培育中心、学生之家、心灵家园等。

(二)中小学心理辅导室的选址

心理辅导室地点的选择应本着安静和方便的原则,尽量避开教学区、学生活动区等热闹场所,去心理辅导室的道路也不应经过学校领导、班主任、学科老师的办公室。

心理辅导室地点的选择也要避免另一个极端,不能选择太偏僻的地方。如果某一条道路的唯一目的地就是心理辅导室,也会增加来访者的心理负担,因为来访者一般不愿意让同学和老师知道自己在寻求心理辅导。

心理辅导室最好邻近学校的图书馆、卫生医疗室等场所,这样既安静又便于寻找。

(三)中小学心理辅导室的布局

心理辅导室的布局会对心理辅导的气氛和效果有所影响,一般而言,布局整齐、协调的心理辅导室对于辅导效果的提升是有显著效果的。比较完善的心理辅导中心功能布局如图 2-3 所示。

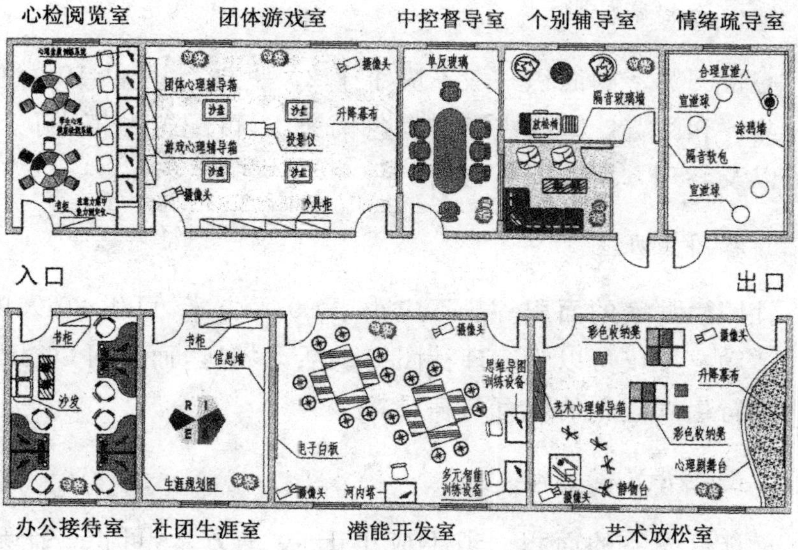

图 2-3 心理辅导中心功能布局图

1. 办公接待室

办公接待区的面积一般应不小于 20 平方米,可供 1～6 名心理教师办公。环境设施采用明亮、自然、大方的格局。可配置办公桌椅、资料柜、电脑、打印机、电话、沙发、茶几、心理挂图等。

2. 团体游戏室

团体游戏室的面积一般不小于 40 平方米,可供一个班级的学生开展团体游戏活动。根据心理辅导室的面积大小,可考虑将社团生涯室、潜能开发室、艺术放松室、情绪疏导室合并到团体游戏室。

3. 个别辅导室

个别辅导室的面积一般为 10～15 平方米,环境设施宜采用安全、柔和、温馨的布置。采光通风条件好,室内装饰风格温馨、宁静,尽可能减少线条和棱角,避免强烈刺激的色彩或过于灰暗的颜色和灯光;设施简洁大方、摆放适宜、安全舒适。

4. 心检阅览室

心检阅览室的面积一般不应小于 20 平方米,可供 10 人左右同时测评和阅览。室内应以安静色调为主,可配置书柜、阅览架、桌椅以及心理方面的图书、报刊等。

5. 社团生涯室

社团生涯室的面积一般不应小于 20 平方米,可供 20 人以上同时活动。不仅可以为心理社团提供活动场所,而且可以对中小学生进行生涯规划的教育与辅导。

6. 潜能开发室

潜能开发室的面积一般不应小于 40 平方米,可供一个班级的学生开展活动。可以进行多元智能的测评和培养,利用思维导图进行记忆、快速阅读等方面的训练。

7.中控督导室

中控督导室的面积一般不应小于 20 平方米,进行中控和督导的同时,可召开小型研讨会议。

8.艺术放松室

艺术放松室可以通过聆听舒缓和轻松的音乐、观看心理学影片、排演心理剧来缓解学生和教师的焦虑和紧张情绪,通过生理上的放松和心理上的放松,提高复原力,也利于咨询关系的建立。

9.情绪疏导室

情绪疏导室的面积一般不应小于 20 平方米,环境设施宜采用简单、粗犷的布置格局,注意安全性。地板可用耐脏地毯,注意隔音效果,墙壁等以冷色调的大块颜色为主,适当配以挂画;可配置假人、涂鸦墙、敲击乐器和沙袋、拳击手套、球类、跑步机等需要大运动量的器械以及宣泄音乐磁盘、面巾纸等。

(四)中小学心理辅导室的设备

心理辅导室的设备包括心理学软件和硬件设备、通用设备、办公家具等。对于不同的区域,需要使用不同的设备。

1.心理学软件和硬件设备

中小学心理辅导室心理学软件和硬件设备设置如表 2-1 所示

表 2-1　中小学心理辅导室心理学软件和硬件设备设置

心理学软件	中小学生心理健康检测系统、心理学设备管理系统、心理素质训练系统
心理辅导辅助器具	沙盘、艺术心理辅导箱、团体心理辅导箱、游戏心理辅导包、放松椅、合理宣泄人、心灵加油站、感统玩具、涂鸦板、心理信箱、益智类玩具、哈哈镜
心理学专用仪器	潜能检测仪、注意力集中能力测定仪、河内塔
心理学图书视听资料	心理学图书、在职、心理学挂图、心理学视听资料

2.通用设备

通用设备包括电脑、传真机、复印机、打印机、扫描仪、投影仪、电子白板、电视机、影碟机、组合音响、摄像机、照相机、视频音频监控设备、空调机、录音笔、电话机、秒表、饮水机、石英钟、隔音设备等。

3.办公家具

办公家具包括办公桌、办公椅、电脑桌、电脑椅、操作台、柜子、期刊架、书架、置物架、收纳箱、沙发、茶几、坐垫、抱枕、办公用品、木地板、软包装修等。

第四节　中小学心理健康教育中的心理测验与心理档案管理

一、中小学心理健康教育中的心理测验

(一)心理测验的概念

心理测验,也叫心理测试或心理测评,就是依据一定的心理学原理和技术,对人的心理现象或行为进行测量,并根据测量结果进行推断和数量化分析的一种手段。

理解心理测验,需要关注几个基本的核心概念,包括量表、信度和效度。

1.量表

在测量学领域,量表是用于测量的准尺。心理量表是指用来测量不同心理特征(能力、人格、成就、兴趣等)的工具。心理量表大体上可以分为顺序量表、等距量表和比例量表 3 类。

2.信度

信度指测验结果的一致性、稳定性,一般多以内部一致性来加以表示该测验信度的高低。信度系数越高即表示测验结果越一致、稳定与可靠。

3.效度

效度即有效性,它是指测量工具或手段能够准确测出所需测量事物的程度,测量结果与要考察的内容越吻合,则效度越高;反之,则效度越低。

效度有多种不同的分类方式,最常见的分类方式是根据效度验证的证据来源,把效度分为三种类型:内容效度、准则效度和结构效度。

(二)青少年心理健康诊断测验

心理健康量表是专门用来测验心理健康的工具。从测量对象来说,目前针对成年人心理健康的测量工具居多,而针对中小学生的评价量表较少。青少年心理健康诊断测验是我国华东师范大学周步成教授根据日本铃木清等人编制的《中小学生不安倾向诊断测验》修订而成的,可用于综合检测中小学生的心理健康状况。量表在全国二十多个省市几千所中小学得到了广泛使用,普遍认为符合测量学的要求,信度和效度高,科学性、实用性、操作性强,是国内较好的心理测验工具之一。

1.测量内容

本测验共有 100 个项目,在这 100 个项目中含有 8 个内容量表和 1 个效度量表(即测谎量表)。

8 个内容量表分别是:学习焦虑(1～15 题)、社交焦虑(16～25 题)、孤独倾向(26～35 题)、自卑倾向(36～45 题)、过敏倾向(46～55 题)、身体症状(56～70 题)、恐怖倾向(71～80 题)、冲动倾向(81～99题)。每个项目后面有"是"和"否"两个答案，要求受测者根据自己的真实情况进行选择。

1个效度量表：82、84、86、88、90、92、94、96、98、100题。

2. 测量实施

测试实施之前，给每个学生发一份"MHT"回答纸，要求在回答纸上填写学生的姓名、性别、年龄、学校、班级。发下测题本，要求学生作答。

3. 计分和结果解释

凡是选"是"得1分；选"否"得0分。除去效度量表项目，将余下的全部问卷项目得分累加起来，即可得到全量表分。

效度量表的解释：效度量表的得分范围为1～10分。效度量表的得分较高，则可能是受试者为了获得好成绩而作假，结果不可信，得分在7分以上的学生需要进行重新测验。

内容量表的解释如表2-2所示。

表2-2　内容量表的解释

分量表	低分(3分以下)	高分(8分以上)
学习焦虑	学习焦虑低，学习不会受到困扰，能正确对待考试成绩	对考试怀有恐惧心理，无法安心学习，十分关心考试分数
社交焦虑	热情，大方，很容易结交到朋友	过分注意自己的形象，害怕与人交往
孤独倾向	爱好社交，喜欢寻求刺激和热闹，喜欢跟别人一起玩	孤独抑郁，自我封闭
自卑倾向	自信，能够正确看待成败	自卑，常常怀疑自己的能力，将失败归咎于自己
过敏倾向	敏感性较低，能较好地处理日常事务	过于敏感，一些很小的事情都能让他烦恼
身体症状	基本没有身体异常的表现	在极度焦虑的时候，会出现呕吐失眠等症状
恐怖倾向	基本没有恐怖感	对某些日常事务有较严重的恐惧感
冲动倾向	基本上没有冲动	自制力很差，很容易冲动

整个测验的解释如表 2-3 所示。

表 2-3　整个测验的解释

总分	1～15 分	16～64 分	65 分以上
评定	正常	心理状态欠佳或有问题倾向	心理问题倾向较为严重

二、中小学心理健康教育中的心理档案管理

(一)心理健康教育档案的含义和内容

1. 心理健康教育档案的含义

心理健康教育档案,简称心理档案,是指对个体心理发展变化特点、心理测验结果、学校心理咨询与辅导记录等材料的集中保存。这些资料按照一定的程序排列,组成一个有内在联系的体系,从而能够如实反映学生的心理面貌,是学校为了更好地开展心理健康教育工作,为每个学生在心理健康方面建立起来的档案材料。心理档案是一个动态的档案,会随着时间及个体的发展而不断变化。

2. 心理健康教育档案的内容

心理健康教育档案的内容,又称心理健康教育档案的项目,是指能从中揭示或了解有关学生心理状况、心理特点以及心理健康教育活动过程、效果等方面的材料·主要有学生综合资料、心理检测资料、心理健康教育(主要指心理咨询与辅导)活动记录及有关作品等三大部分。

(二)中小学心理健康教育心理档案的管理

心理档案是一种特殊的档案,对学生个体的发展及学校教育工作的开展至关重要。因此要对其进行科学的管理,具体可以从

以下几个方面进行管理。

第一，认真填好心理档案。心理档案中的内容，凡是通过量表测验得到的结果，要连同测试日期、量表类型、结果分析一并写好，放入心理档案中。

第二，保持材料的原始性。建立心理档案要尽量保证材料的客观性，努力克服主观因素的影响，少使用或不使用评价性语言，多用原始语言。

第三，要注意保密。心理档案要由学校统一保管，不能随便给学生或无关人员看。

第四，避免材料的局限性。学生心理档案材料只能反映学生综合素质的某一方面，并不是全部。利用这些材料的时候，一定要综合考虑其他方面的材料，切不可以偏概全，将心理档案作为升学录取的依据。

第五，提高建档人员的综合水平。建档人员除了具备心理学、心理测量等方面的专门知识外，也应懂得一定的档案学专业知识，提高自己的知识素养。

第三章　中小学心理健康教育校本课程

我国《基础教育课程改革纲要（试行）》指出："学校在执行国家课程和地方课程的同时，应视当地社会、经济发展的具体情况，结合本校的传统和优势、学生的兴趣和需要，开发或选用适合本校的课程。"以此为指导，一些中小学结合本校的资源和优势尝试进行了校本课程开发。在中小学已进行的校本课程开发中，心理健康教育校本课程开发是一项重要的内容。在本章中，将对中小学心理健康教育校本课程的相关内容进行详细阐述。

第一节　中小学心理健康教育校本课程的相关知识

中小学心理健康教育校本课程是伴随着基础教育新课程改革而提出的，并且是国家心理健康教育课程和地方心理健康教育课程的补充，对于全面提升中小学生的心理健康水平具有重要的作用。

一、中小学心理健康教育校本课程的含义

中小学心理健康教育校本课程，就是中小学自主开发的各类心理健康教育课程的总称，包括校内心理健康教育学科与活动课程、校外心理健康教育兴趣与实践活动课程。

中小学心理健康教育校本课程要充分体现中小学的办学特色，并能够对不同层次、不同类型中小学生的心理发展需要予以

满足,从而切实促进中小学生心理的健康发展,使其能更好地适应学校、社会与生活。

二、中小学心理健康教育校本课程的特点

中小学心理健康教育校本课程的特点,具体来说有以下几个。

(一)主体性

建构主义理论指出,学生在吸收知识或是经验时,并非仅仅依靠外在的力量,而是主要依靠学生在一定情境下的主动建构。也就是说,学生的主观性在知识或经验的吸收过程中发挥着更为重要的作用。这就决定了中小学心理健康教育校本课程必须从中小学生的经验出发,重在促进中小学生在原有经验的基础上生成新的理解;必须充分发挥中小学生的主体地位,确保中小学生在课程的设计、实施等环节始终以主体活动者的角色出现。总之,主体性是中小学心理健康教育校本课程的一个重要特点。

(二)体验性

中小学心理健康教育校本课程的实效,主要取决于中小学生以主体的角色产生何种心理体验以及体验的程度。因此,体验性是中小学心理健康教育校本课程的一个重要特点。

体验性特点要求中小学在进行心理健康教育校本课程设计与开发时,要切实注意引发中小学生深刻的心理体验。只有这样,才能够真正激发中小学生的心理内化机制,继而促使中小学生的心理发生实质性的变化。

(三)活动性

中小学心理健康教育校本课程的实施,实际上是中小学教师

与中小学生共同创造满足中小学生主体需要、适合中小学生个性发展的积极的、体验的、生动的、互动的教育经验的过程。为此，中小学心理健康教育校本课程应以活动为基本的实践形式，以便中小学生通过亲身参加各种活动来获得丰富而真实的感悟、体验和反思，继而促使自身的心理健康水平得到大大提升。此外，只有通过活动，中小学心理健康教育校本课程才能发挥出最大的作用。

通过上面的论述可以知道，活动性也是中小学心理健康教育校本课程的一个重要特点。

(四)生成性与预设性的统一

中小学心理健康教育校本课程是有目标、有计划的活动，而课程目标是在开展课程行为之前便制订好的。也就是说，中小学心理健康教育校本课程的目标是有预设性的。但是，在开展中小学心理健康教育校本课程行为的过程中，课程实施条件的变化、学生已有经验的变化等都要求对课程目标进行一定的调整，以形成更为恰当的课程目标。从这一角度来说，中小学心理健康教育校本课程具有生成性与预设性相统一的特点。

三、中小学心理健康教育校本课程的形式

就当前来说，我国中小学心理健康教育校本课程的形式主要有以下几种。

(一)学科课程

所谓学科课程，简单来说就是以学科为取向的心理健康教育课程。中小学心理健康教育校本课程采用这种形式，重在系统地向中小学生传授心理健康方面的相关知识，如中小学生的心理发展特点与发展规律、中小学生常见的心理问题、中小学生维护心理健康的方式方法等，以帮助中小学生在心理健康方面不断获得

自我提高、自我发展。

(二)活动课程

所谓活动课程,简单来说就是以经验为取向的心理健康教育课程。中小学心理健康教育校本课程采用这种形式,重在引导中小学生积极参加游戏、表演、角色扮演等活动,并在活动中获得一定的体验和经验。

(三)问题课程

所谓问题课程,简单来说就是以解决实际问题为取向的心理健康教育课程。中小学心理健康教育校本课程采用这种形式,重在教给中小学生如何对心理问题进行诊断、咨询和干预,继而有效解决自己遇到的心理问题。

需要指出的一点是,我国中小学心理健康教育校本课程的形式虽然有以上三种,但在实际运用过程中是以活动课程和问题课程为主,以学科课程为辅。这样做有助于提高中小学生参与心理健康教育课程的积极性,也有助于中小学生提高解决心理问题、维护心理健康的能力。

第二节　中小学心理健康教育校本课程的开发

由于中小学生心理发展还不成熟,因而他们在学习、生活、社会适应、人际交往等方面都会遇到这样或那样的问题,继而产生心理困惑,出现心理问题或是心理疾病。因此,加强对中小学生的心理健康教育,改善中小学生的心理问题是十分重要的。为此,必须重视中小学心理健康教育校本课程的开发,以保障中小学生的心理得到健康和谐的发展。

一、中小学心理健康教育校本课程开发的含义

在当前,绝大多数中小学校都意识到加强中小学生心理健康教育的重要性,而且为了保质保量地对中小学生实施心理健康教育,中小学越来越重视对心理健康教育校本课程的开发。

所谓中小学心理健康教育校本课程开发,就是中小学在基础教育课程改革的大背景下,以学校为本,结合学校的性质、特色、条件,充分利用当前校本培训和校本课程的机遇,整合学校现有资源,形成有学校特色的心理健康教育课程,以促进中小学生心理健康发展或解决中小学生心理问题的过程。

二、中小学心理健康教育校本课程开发的意义

中小学心理健康教育校本课程的开发有着十分重要的意义,具体表现在以下几个方面。

(一)有助于提高中小学生的心理健康水平

由于课程与教学的一切计划、方案、措施、活动等最终都要落实到学生身上,并通过学生的变化情况体现其质量和效果。因此,进行中小学心理健康教育校本课程开发,最终目的就是要解决中小学生常见的心理问题,增强中小学生的心理调节能力,提高中小学生的心理素质,促进中小学生的心理健康发展。

一般来说,在开发中小学心理健康教育校本课程时,需要在内容上包括认识自我、学会学习、人际交往、情绪调适以及生活和社会适应等方面。这些内容基本涵盖了中小学生心理容易出现问题的各个方面,通过对中小学生这些方面的教育和训练,使其获得有关心理健康的知识,认识一些常见的心理异常现象,掌握一些简单的心理保健技能,了解一些基本的心理调节方法,从而树立心理健康意识,学会自我调节,促进自身的心理健康。因此,

在衡量所设计的中小学心理健康教育校本课程时,通常是看其能否促进中小学生的心理健康发展,提高中小学生的心理健康水平。若能,则表明该校本课程是正确的、有效的;若不能,则表明该校本课程还存在问题,需要进行调整与修正。

(二)有助于中小学教师的进一步发展

中小学心理健康教育校本课程开发不仅能提高中小学生的心理健康水平,而且能促进中小学教师的发展。

在中小学心理健康教育校本课程的开发过程中,中小学教师作为开发的主体,为了保证课程的顺利开发以及开发后的课程能取得成效,必须不断地学习,以了解中小学生的需求、心理发展状况以及常见的心理问题,掌握课程教学论、课程开发、课程实施等方面的有关知识,以及心理健康教育、心理辅导等方面的知识与技能;必须不断地探索和实践,以确保所开发的课程与学生以及学校的实际情况相符合,是切实具有可操作性的。如此一来,中小学教师便能在心理健康教育校本课程的开发过程中得到锻炼和发展。

在中小学心理健康教育校本课程开发的过程中,参与者除了有作为开发主体的中小学教师,还可能有外部专家。如此一来,在中小学心理健康教育校本课程的开发过程中,中小学教师便能和专家一起学习与交流,并在学习和交流的过程中使自身得到发展,获得成长。此外,中小学心理健康教育校本课程开发的过程其实也是研究的过程,中小学教师在这一过程中需要不断地发现问题和解决问题,这不仅能够提高中小学教师发现和解决问题的能力,而且能提高中小学教师的科研能力,对于中小学教师成长为研究型的教师具有积极的影响。

总之,中小学心理健康教育校本课程开发有助于中小学教师的进一步发展。

(三)有助于提升中小学校的地位

在当前,国家极为重视青少年的心理健康,因此加强中小学心理健康教育,开发中小学心理健康教育校本课程是时代的要求。中小学通过进行心理健康教育校本课程开发,可以彰显学校课程改革的理念,体现学校的办学特色,满足学校心理健康教育的要求,促进学生的健康发展,促进教师的不断成长。如此一来,中小学校便会因心理健康教育校本课程开发而赢得良好的声誉,继而促使学校的地位得到大大提升。

此外,中小学校通过心理健康教育校本课程的开发,可以优化学校资源,借机改善学校的办学条件以及教学方式等,从而提高学校的办学质量。当学校的办学质量提高了,其地位自然也会得到提升。

总之,中小学校会因心理健康教育校本课程开发而赢得良好的声誉,继而促使学校的地位得到大大提升。

三、中小学心理健康教育校本课程开发需要的条件

中小学心理健康教育校本课程开发要想顺利进行,需要以一定的条件为支持。具体来说,中小学心理健康教育校本课程开发需要的条件有以下几个。

(一)人力资源条件

中小学心理健康教育校本课程开发需要有大量的人力资源,而且人力资源的状况会直接影响到中小学心理健康教育校本课程开发的成效。具体来说,中小学心理健康教育校本课程开发需要有视野前瞻、思想开拓、教育理念先进、有创新精神和魄力的校领导的支持,需要素质高、能力强、理论与实践知识丰富的心理健康教育方面的专业教师参与,最好能有课程论方面的专业人员进行指导,同时还需要全体学科教师参与宣传和实施。只有这样,所开发的中小学心理健康教育校本课程才能具有较高的水平,才能取得更高的成效。

（二）物质条件

中小学心理健康教育校本课程开发所需要的物质条件，主要包括财力和物力两个方面。只有具备较为充足的经费投入和较为完善的设备设施，中小学心理健康教育校本课程开发才可能顺利进行。

在中小学心理健康教育校本课程开发过程中，课程资源的建设与利用、必要设备的购置、课程实施、课程组织、课程推广、课程编制人员的薪酬等多方面都需要资金支持。没有充足的资金支持，中小学心理健康教育校本课程开发是不可能真正开展起来的。

此外，中小学心理健康教育校本课程的开发，离不开教室、图书室、科学社会实验室、多媒体制作室、心理咨询室、电子阅览室、活动场所、实践基地、校园网络等基础设施。这些基础设施是中小学心理健康教育校本课程实施所必备的物质条件，也是中小学心理健康教育校本课程开发所必须具备的条件支持。

因此，中小学校在准备开展心理健康教育校本课程开发这项工作之前，必须对学校的办学经费、设备设施等进行调查分析，切实从学校的实际情况出发建立适宜的校本课程开发方案。

（三）其他支持条件

中小学心理健康教育校本课程开发要想顺利开展，除了要有人力资源条件和物质条件，还需要有以下一些支持条件。

第一，国家和地方教育行政部门在政策上支持中小学心理健康教育校本课程开发。

第二，学校以及学校领导能解放思想，不断创新，顶住各种压力，不以升学率为办学宗旨，而以学生身心健康发展为办学宗旨，制定相关优惠政策，鼓励和支持学校与教师以先进的教育理念为指导进行心理健康教育校本课程的开发。

第三，学校有一套合理的制度（包括教学与教学管理制度、评

价制度等）来保证中小学心理健康教育校本课程开发的顺利
进行。

第四，学校教师、学生、学生家长以及社区要在思想和观念上
支持心理健康教育校本课程的开发，并积极参与到开发过程
之中。

四、中小学心理健康教育校本课程开发的原则

在进行中小学心理健康教育校本课程开发时，为了获得良好
的成效，必须遵循以下几个原则。

（一）以校为本原则

中小学心理健康教育校本课程开发的基地是本校，开发的主
体是本校教师，要解决的课程问题也反映了本校的特点和条件。
由于学校作为一个育人机构，有其独有且相对稳定的校园文化、
学术机构、师资力量、生源、校风等背景，这使得学校有其独特性
和差异性。因此，在进行中小学心理健康教育校本课程开发时要
切实遵循以校为本原则，即充分考虑到本校的特点和优势、本校
的办学理念和培养目标、本校的教学条件、本校教师的实际教育
能力、本校学生发展的实际水平和需要，并切实以此为依据，扬长
避短，形成具有鲜明本校特色的心理健康教育内容。

（二）以生为本原则

中小学心理健康教育校本课程开发的最终目的是提高全体
中小学生的心理素质、开发中小学生的潜能、培养中小学生乐观
向上的心理品质、促进中小学生人格的健全发展。因此，在开发
中小学心理健康教育校本课程时，要切实遵循以生为本的原则，
即要充分考虑到中小学生的心理发展需求。中小学生正经历着
自我意识的飞跃发展，在这一特殊阶段，要促进他们心理的健康
发展，就必须以他们心理发展的需求为依据来开发心理健康教育

校本课程。

(三)活动性原则

中小学心理健康教育校本课程有三种形式,即学科课程、活动课程和问题课程。活动性原则就是在进行中小学心理健康教育校本课程开发时,要以活动课程为主。也就是说在进行中小学心理健康教育校本课程开发时,要突出以活动为主的特点,切实将教育内容渗透于灵活多样、富有情趣的活动之中,引导中小学生在活动中有所成长。

在进行中小学心理健康教育校本课程开发时,要切实遵循活动性原则,还要注意充分尊重和满足学生的差异性,考虑到不同年级、不同学生的心理需要,将他们的兴趣、爱好和要求融入学校的课程计划之中,从而把学习和发展的主动权交给学生,使他们的能力和个性得到更充分、自由的发展。

(四)发展性原则

发展性原则指的是在进行中小学心理健康教育校本课程开发时,不可完全固化教育内容,必须依据社会、学校以及学生的发展状况而对教育内容进行一定的调整与补充。只有这样,所开发的中小学心理健康教育校本课程才能切实取得成效。

(五)民主性原则

中小学心理健康教育校本课程开发是一个民主开放的课程决策过程,要求体现出民主参与的特点,要求学校具有开放的组织结构,通过广泛而畅通的交流渠道,形成校本课程开发的资源特色。因此,在进行中小学心理健康教育校本课程开发时,必须遵循民主性原则,具体表现在以下几个方面。

第一,在进行中小学心理健康教育校本课程开发时,要积极引导学生参与到课程开发之中,并注意倾听学生的声音、了解学生的需求,以确保所开发的课程更具有针对性。

第二,在进行中小学心理健康教育校本课程开发时,要积极引导全体教师参与到课程开发之中,切实倾听广大教师的意见与建议。

第三,在进行中小学心理健康教育校本课程开发时,要切实意识到学生家长和社区也可能是重要的课程开发资源,并充分发挥它们的作用。社区可以作为中介,联系中小学和其他的社会机构,解决校本课程开发中出现的各种各样的问题,同时也可以作为学校心理健康教育校本课程的实践基地。学生家长会从不同的角度看待心理健康教育校本课程开发这一问题,继而会提出一些更与实际相符合的问题,这对于中小学校心理健康教育校本课程的内容以及实施效果会产生重要的影响。

(六)合作性原则

虽然说中小学心理健康教育校本课程开发主要是根据本校的特色、依靠本校的力量进行的,但在很多时候仅仅依靠本校的力量是难以很好地完成这项工作的。因此,中小学校在具体开展心理健康教育校本课程开发工作时,还应与具有高水平的大学或科研机构或个人进行合作,以便得到校本课程开发的基本理论、方法等方面的指导;应与其他与自身特色相似的中小学校进行合作,实现优势互补、资源共享。也就是说,中小学心理健康教育校本课程开发必须遵循合作性原则。

五、中小学心理健康教育校本课程开发的模式

课程开发模式是关于课程开发的价值取向及相应的操作方式的统一。中小学心理健康教育校本课程开发的模式,就当前来说主要有以下几种。

(一)目标模式

中小学心理健康教育校本课程开发的目标模式,就是将目标

作为中小学心理健康教育校本课程开发的基础和核心，并切实围绕这个基础和核心来选择、组织课程内容、课程实施以及课程评价等。因此，中小学心理健康教育校本课程开发在运用这一模式时，首要的一项工作便是确定课程目标。

（二）过程模式

中小学心理健康教育校本课程开发的过程模式，就是在中小学心理健康教育校本课程的开发过程中，强调知识和过程本身的教育价值，鼓励学生自主探究知识，把学生的自主性、创造性作为教育目标，并切实将这一目标与教学过程相统一。

（三）实践模式

中小学心理健康教育校本课程开发的实践模式，是一种根植于实践的课程开发模式，强调追求课程的实践兴趣；教师、学生、教材和环境四要素的相互作用；课程开发的过程与结果、目标与手段的内在统一；通过集体审议对课程问题进行解决等。

中小学心理健康教育校本课程开发的这一模式充分关注到具体情境中存在的问题，增加了课程实施的有效性和实用性。

（四）环境模式

中小学心理健康教育校本课程开发的环境模式，就是在中小学心理健康教育校本课程的开发过程中，强调课程开发要以具体的环境因素为依据，并把课程开发看成是各部分相互作用、不断修正的动态过程。中小学心理健康教育校本课程开发运用这一模式，可以使课程更具有针对性、灵活性和实效性。

中小学心理健康教育校本课程开发的以上几种模式，都既有优点也有气不足，如目标模式能够保证课程内容的系统性但过于机械；过程模式肯定了课程开发过程的重要性以及课程内容的内在价值，但否定了课程开发的科学性及其在科学知识传承方面的重要作用；实践模式充分关注到具体情境中存在的问题，但忽视了理论知识的学习;环境模式具有很大的灵活性和很强的适应性,但对教师、学生主体地位的关注还有待加强。因此,中小学校在进行心理健康教育校本课程开发时,要注意根据自身的特点和要求采用其中一种模式,或者将两种或多种模式结合起来,取长补短,灵活实施。

六、中小学心理健康教育校本课程开发的过程

了解校本课程开发的过程,可以使中小学心理健康教育校本课程开发更具有可操作性。具体而言,中小学心理健康教育校本课程开发需要包括以下几个环节。

(一)明确校本课程开发的主体

在进行中小学心理健康教育校本课程开发时,首要的环节便是明确课程开发的主体。只有明确了课程开发的主体,后面的开发环节才能展开。

如何对中小学心理健康教育校本课程开发的主体进行明确?在我国的管理体制下,一般较为强调组织化与制度化,因此一般会成立一个中小学心理健康教育校本课程开发小组,由校长或者分管教学或科研的副校长担任开发小组的组长,由具体负责学校教学的教导主任、负责学生思想教育工作的政教主任担任副组长,由年级组长和从事心理健康教育教学的部分教师作为小组成员,负责校本课程目标的制订以及校本课程方案的编制、解释、实施、管理与评价等一系列活动。此外,在组建中小学心理健康教育校本课程开发小组时,还可以邀请课程论专家、心理健康教育专家、学生以及学生家长参与其中。如此一来,便能较为有效地确保整个开发过程的组织、协调,所开发内容的全面、客观,所开发方案的落实与检验。

(二)评估学生与学校

中小学心理健康教育校本课程开发是为了促进中小学生的

心理健康发展,因此必须要充分调查与评估中小学生的心理需求。而在对中小学生的心理需求进行调查与评估时,可以充分借助于问卷法、访谈法和心理测量法(即借助于标准化的心理测量表进行测量)。

此外,在进行中小学心理健康教育校本课程开发时,只有充分评估学校的办学特色,才能使所开发的校本课程更能体现出学校的办学特色。学校的办学特色体现了学校存在的独特价值和魅力,其需要学校领导和全体教师审时度势,认真分析和评估,根据当前国家所确定的基础教育新课程改革的精神,结合学校自身所拥有的师资力量和物质资源,以及周围环境和社会需求情况来加以确定。学校的办学特色应具体个性化的特点,不可千篇一律。

在中小学心理健康教育校本课程开发时,除了要评估学校的办学特色,还要评估学校现有的各方面资源,明确是否具备校本课程开发所需要的条件。

当对学生与学校进行了全面评估与分析后,便可以为后面中小学心理健康教育校本课程开发的环节奠定基础。

(三)拟定校本课程目标

在全面评估了学生与学校后,就需要以评估结果为依据,制订出与中小学生心理发展需要相符合、能充分体现学校办学特色的中小学心理健康教育校本课程目标。

在拟定中小学心理健康教育校本课程的目标时,既要明确促进中小学生心理健康发展这一总体目标,又要对这一目标进行细化,以更好地确定中小学心理健康教育校本课程的内容以及实施方案等。

(四)编制有效的校本课程方案

在进行中小学心理健康教育校本课程开发时,一旦确定了校本课程目标、明确了学校的实际情况,便可以围绕目标与学校的实际情况编制有效的校本课程方案。

校本课程方案是为了保障校本课程得以顺利实施、管理和评价而制定的一套制度、政策、条例和实施方法、细则等。其中,最重要的是课程计划的制订,包括课程性质、课程类型、课程的组织形式、课时数、课程评价的形式与方法等内容。校本课程方案的确定,为校本课程的落实提供了重要的制度保障和方法指引。

(五)实施校本课程方案

在编制了有效的中小学心理健康教育校本课程方案后,接下来的工作便是实施这一校本课程方案。而为了更好地实施制订好的校本课程方案,需要对教师和学生做一些宣传与解释工作,既要向教师宣传心理健康教育校本课程开发的理念、目的、用途等,还要向学生宣传心理健康教育校本课程开发的目的用途。当教师和学生在充分认识到心理健康教育校本课程的重要性后,便会积极参与到心理健康教育校本课程方案的实施之中。

此外,在实施中小学心理健康教育校本课程方案时,需要对教学目标、教学内容、教学方法、教学手段、活动方式等方面进行精心策划,以便取得更好的实施效果。

(六)监控、评价校本课程方案的实施过程与结果

监控、评价校本课程方案的实施过程与结果,是为了明确中小学心理健康教育校本课程开发的效果。

监控校本课程方案的实施过程与结果,是为了考察所编制的校本课程方案在实践中的适用性。在具体的监控过程中,可从教师如何实施方案、学生的活动与学习情况、教材的使用情况等内容着手。评价校本课程方案的实施过程与结果,是为了了解所编制的校本课程方案的实施效果,并及时发现实施过程中存在的问题。

如此一来,便能更全面、更清晰地了解所开发的中小学心理健康教育校本课程的实施情况,也能为今后更好地进行中小学心理健康教育校本课程开发提供依据。

(七)反思与修订校本课程方案

在中小学心理健康教育校本课程方案时,若实施结果与原定目标不一致,就需要修订原定的目标与校本课程方案。

通常来说,课程实施的结果与原定目标不一致,主要有四种情况:一是原定目标有问题,太高或太低,太笼统或太具体,太大而全或太窄而繁,使得目标难以实现,或太容易实现或部分实现,这就需要对课程目标进行修改;二是原定方案不合理,可能是方案与目标不吻合,或者方案不够具体而缺乏可操作性,或者方案不符合学生的心理特征,或者要求的条件太高,等等,这就需要对原定方案进行修订;三是课程方案在具体实施过程中出现了问题,可能是方案本身不切实际,可能是教师没有按照方案的要求实施而照搬其他学科课程的教学模式,可能是学生没有很好地领会课程方案和教学的精神实质而偏重于知识的习得,可能是学校的教学条件不够或实践基地不完善而导致实施的效果不理想,等等,这需要加强课程教学的监控与管理;四是数据收集不准确导致课程评价不客观,可能是数据收集与评价的方法不合理,或者数据收集得不全面,或者是教师或学生在回答问卷和访谈提纲时有顾忌而没有照实回答等,这需要对数据收集的过程和方法进行审查,对评价的方法和结果进行元评价。从这四种情况着手对原定的中小学心理健康教育校本课程方案进行反思与修订,可以使中小学心理健康教育校本课程方案不断得到优化。

(八)实施、检验、评价与完善新的课程方案

中小学心理健康教育校本课程开发是一个动态循环且不断完善的过程,需要在分析评价的基础上对原先的计划和方案加以修订,同时还要对新的课程方案进行再实施、再评价、再修改。只有这样,才能确保所制订的中小学心理健康教育校本课程方案越来越符合学校的办学理念、教师的教学实际和学生心理健康发展的实际需求。

第三节 中小学心理健康教育校本课程中的人际互动

一、人际互动的内涵

(一)人际互动的含义

互动是一个过程,是由自我互动、人际互动和社会互动组成的。其中,人际互动就是人际交往的双方相互影响、相互作用,是人们在心理和行为方面的交往、交流。

在人际互动过程中,交往双方会互相靠拢,既设法影响别人,也要接受别人的影响;既要了解别人,也要让别人了解自己;既要让别人适应自己,也要自己主动适应别人。只有这样,交往双方才能建立起融洽的关系,组织起协调一致的共同活动。

(二)人际互动的形式

人际互动的形式主要有两种,即竞争与合作。

1. 竞争

竞争是个体与个体、群体与群体之间争夺一个共同目标的行为。通常来说,竞争的基本条件有以下几个。

第一,目标较为稀有或者难得,并且只有双方对同一目标进行争夺,才能形成竞争。

第二,争夺中可能出现零和冲突(一方赢,另一方输),也可能出现双赢的结局。

第三,竞争是有理性的,按照一定的社会规范进行。

一般来说,竞争各方双赢或多赢,实行共赢的局面,是比较理想的人际互动形式。只要各方遵守竞争规则,充分考虑别人的利益,共赢是可以做到的。

2.合作

合作是个体与个体、群体与群体之间为达到共同目的，彼此互相配合的一种行为。通常来说，合作的基本条件有以下几个。

第一，有一致的目标。

第二，有相互信赖的合作氛围。

第三，合作双方对共同目标、实现目标的途径有基本一致的认识，并在合作的过程中，遵守双方共同认可的社会规范。

二、中小学心理健康教育校本课程中人际互动的表现

在中小学心理健康教育校本课程中，人际互动有着鲜明的表现，具体如下。

(一)中小学心理健康教育校本课程中的师生关系

在学校情境中，最基本、最重要的人际关系便是师生关系。在中小学心理健康教育校本课程的实施过程中，要充分发挥师生关系对学生的心理健康教育作用。

1.师生关系影响学生心理健康教育的心理机制

(1)心理场

心理场这一理论是由勒温提出的，他认为人的心理活动总是在一定的心理场中发生的。勒温还指出，个体的心理场主要包括"他和其他个体的关系，他们的位置和个性，他自己在社会中的位置，如他的职业等"。

通过上面的论述可以知道，在学生的心理场中，师生关系是一个重要的构成部分。在师生的交往和互动中，教师的行为及蕴含其中的理念、情感、期待等，以学生心理场中的一种心理张力的形式，潜在地影响学生的心理活动，塑造着学生的认知、情感、态度和人格。

（2）期待效应

师生关系的产生与开展是有一定前提的，即育人。也就是说，教师是按照一定的教育目的，在从事教育教学过程中而与学生发生人际联系的，因而教师对学生总是抱着一定的期待，这种期待能够对学生的发展产生奇特的心理效应。比如，教师对学生持积极的期待，在师生交往和互动中，教师会有意无意地对学生流露出积极、鼓励的态度，这会使学生在教师的关注和鼓励中增强自尊和自信，激励学习动机并提升自我期待，从而促进学业成绩的提高和积极心理品质的形成。不过，教师对学生的期待应保持在合理的范围内，过高、过低或是消极的期待都不利于学生的发展。

（3）观察学习

观察学习是由班杜拉提出的，他认为人类的大量学习是替代性地进行的，即通过观察他人（如榜样）所表现的行为及其结果而完成。在学校情境中，教师可以说是大多数学生心中的"楷模"。因此，在师生交往和互动中，学生会无意或有意中通过观察教师的言行，获得大量的言语与非言语信息而进行观察学习。

2. 建立良好师生关系的心理策略

教师要想与学生建立良好的师生关系，可以借助于以下几个有效的心理策略。

第一，教师要加强个性品质的修养（如渊博的知识、卓越的才能、待人诚实热情等），增进对学生的人际吸引。

第二，教师要克服人际偏见，通过移情体验、移情理解等方式，正确地认识和理解学生。在此基础上，教师才能对学生采取正确的教育方式和态度，并产生相应的情感，继而与学生建立良好的关系。

第三，教师要采取民主型的领导方式，促进与学生的心理相容。这对于优化师生关系，促进良好师生关系的建立也有重要的作用。

（二）中小学心理健康教育校本课程中的学生团体

中小学心理健康教育校本课程一般是以班级为单位实施，即班级是中小学心理健康教育校本课程实施中最常见的团体形式。

班级不是学生与学生的简单相加，而是一个有序的组织；班级活动具有一定的目标；班级中的学生个体之间有紧密的互动并相互影响。中小学心理健康教育校本课程若能灵活利用学生团体中的积极因素，以学生团体动力为支点，调动起学生自身的资源，就会取得更广泛持久的效果，更好地实现心理健康教育课程的最终目的。

就当前来说，学生团体主要可以分为三类，即正式团体、非正式团体和参照团体。每种团体都对学生个体的心理发展产生重要的影响。其中，有明确规章，成员地位和角色、权利和义务都很清楚，并具有稳定、正式编制的正式团体，对学生的学习、社会化和自我意识的发展具有重要的影响。成员之间抱有共同的社会感情，但相互关系没有明确的规定的非正式团体，既可以对学生产生积极影响，如使学生学会信任；也可以对学生产生消极影响，如学生不遵守纪律等。能为个体的态度、行为和自我评价提供比较参照标准的参照群体可以是有形的也可以是无形的，如中小学生以同学、朋友作为直接有形的参照群体，以偶像、明星等作为无形的参照群体。此外，参照群体对学生的影响可以是正面的也可能是负面的，前者如学校的先进班集体往往给学生个体提供了行为规范，后者如一些男孩子视犯罪团伙中的大男孩为楷模，甚至最后堕落成犯罪团伙成员，这类犯罪团伙就是小男孩子心目中的参照群体。

第四节　中小学心理健康教育校本课程评价

课程评价既是一个源远流长的课题，也是当前教育研究领域十分关注的重要课题。在本节中，将对中小学心理健康教育校本课程评价的相关内容进行详细论述。

一、中小学心理健康教育校本课程评价的含义

中小学心理健康教育校本课程评价就是按照一定的价值标准，通过系统地收集中小学心理健康教育校本课程开发、实施方面的信息，对中小学心理健康教育校本课程开发与实施中教师、学生的发展变化，以及构成其变化的诸种因素满足社会与个体发展需要的程度做出判断，并为中小学心理健康教育校本课程的自我完善和有关部门的科学决策提供依据的活动。

二、中小学心理健康教育校本课程评价的特点

中小学心理健康教育校本课程评价的特点，具体来说有以下几个。

(一)是以学校为评价主体的自我评价

中小学心理健康教育校本课程是学校独立开发实施的课程，学校是课程的编制者，负责课程的设计与实施，同时学校也是课程评价的组织者，所以中小学心理健康教育校本课程的评价是一种学校的自我评价。

(二)是没有外部压力的评价

中小学心理健康教育校本课程是学校自己开发的课程，因此不存在外部的评价要求，而且评价结果不会对学校的声誉和资源分配产生影响。从这一角度来说，中小学心理健康教育校本课程评价是一种没有外部压力的评价。这样一种没有外部压力的评价，能够充分发现中小学心理健康教育校本课程存在的问题，对于中小学心理健康教育校本课程的进一步完善具有重要的作用。

(三)是多样性的评价

中小学心理健康教育校本课程的形式多种多样，既可以是必

修，也可以是选修课；既可以是学科课程，也可以是活动课程，还可以是问题课程。课程内容既可以是专门的心理健康理论与知识，也可以与其他学科相互结合；可以以学习知识为主，也可以以各种探索性、实践性活动为主。这就决定了在对中小学心理健康教育校本课程进行评价时，不能固定于某一种模式和方法。

（四）是各类人员广泛参与的评价

中小学心理健康教育校本课程的开发与实施，需要学校各方面人士的充分参与。因此，在进行中小学心理健康教育校本课程评价时，也要充分发挥学校各方面人士的作用，以确保评价结果更为客观、准确。

三、中小学心理健康教育校本课程评价指标的确立

在确立中小学心理健康教育校本课程评价指标时，要切实依据以下几个方面。

（一）中小学生心理健康教育的目标

在确立中小学心理健康教育校本课程评价指标时，要切实依据中小学生心理健康教育的目标。对此，《中小学心理健康教育指导纲要》中进行了明确规定：提高全体学生的心理素质，培养他们积极乐观、健康向上的心理品质，充分开发他们的心理潜能，促进学生身心和谐可持续发展，为他们健康成长和幸福生活奠定基础。

（二）中小学生的心理发展特点

在确立中小学心理健康教育校本课程评价指标时，要切实以中小学生的心理发展特点为依据。中小学生既是中小学心理健康教育校本课程的受益者，也是中小学心理健康教育校本课程评价的主体。因此，在确立中小学心理健康教育校本课程评价的指

标时,要充分考虑到中小学生的心理发展特点,以便评价更有针对性。

(三)中小学心理健康教育校本课程的内容

在确立中小学心理健康教育校本课程评价指标时,也要充分考虑到中小学心理健康教育校本课程的内容。依据《中小学心理健康教育指导纲要》,中小学心理健康教育校本课程的内容要包括学校适应、学习指导、自我意识、人际关系、情绪管理、生涯规划等内容。因此,在确立中小学心理健康教育校本课程评价指标时需要从这些内容着手。

四、中小学心理健康教育校本课程评价的内容

在进行中小学心理健康教育校本课程评价时,大致来说要包括以下两方面的内容。

(一)中小学心理健康教育校本课程本身的评价

中小学心理健康教育校本课程本身的评价,可具体从以下几个方面着手。

1.校本课程理念的评价

中小学心理健康教育校本课程的开发,必须以该课程的理念作为支撑,并切实围绕该课程的理念来确定课程目标,选择与组织课程内容。因此,在进行中小学心理健康教育校本课程评价时,要注意评价相应的课程理念是否科学、合理。

2.校本课程目标的评价

中小学心理健康教育校本课程的目标,会对课程的开发与实施产生重要影响。因此,在进行中小学心理健康教育校本课程评价时,要注意评价校本课程的目标,明确其是否合理,表述是否清

晰，即已经作为校本课程开发成果的课程目标能否清晰地将校本课程开发的思想观念表述出来，并且能否使校本课程实施者准确地、不产生歧义地理解和把握这些课程目标。

3.校本课程内容的评价

在进行中小学心理健康教育校本课程评价时，校本课程内容的评价是一项重要的内容。在具体评价中小学心理健康教育校本课程的内容时，要特别注意以下两个方面。

第一，校本课程内容与校本课程实施的条件是否相吻合。

第二，校本课程内容中所规范的课程资源以及其他形式的内容，是否能够在现实的校本课程实施条件下顺利地转化为教学资源、教学内容或学习内容。

4.校本课程实施的评价

在进行中小学心理健康教育校本课程评价时，评价校本课程的实施，主要着眼于校本课程实施要求的复杂程度以及对实施要求表述的简约程度。简约的校本课程实施要求容易使校本课程实施过程连贯顺畅，但不一定能够获得较理想的实施效果；复杂的校本课程实施要求或许会获得较理想的实施效果，但同时会增加校本课程实施的难度。

5.校本课程评价的评价（元评价）

中小学心理健康教育校本课程评价的评价，主要是看是否建立了专门的课程评价组织，收集信息的渠道是否畅通，是否采用了合理的课程评价方法，是否制定了进一步完善校本课程的措施。

(二)中小学生学习校本课程的评价

中小学心理健康教育校本课程是促进中小学生个性发展的课程，有别于国家和地方课程中的同类课程，是针对不同学校、不同学生的个性而展开的教学。这一目标上的差异,决定了中小学生学习评价的基本理念在于立足于每一名中小学生的发展;立足于中小学生的自我认识及反思,中小学心理健康教育校本课程的评价应该有利于中小学生对学习过程的认识,反思自己在学习过程中的长处与不足,增强自我激励的意识;立足于中小学生创新能力的培养,在评价的过程中应该给予中小学生思考的自由,鼓励中小学生展开想象的翅膀,让思想自由驰骋;立足于教师指导的改善,评价作为教师教学的一种手段,其主要目的在于指导上的改善。教师要懂得帮助中小学生发现潜能、展示潜能的指导方法和策略,从而激发中小学生兴趣、挖掘中小学生的潜能。

五、中小学心理健康教育校本课程评价的过程

中小学心理健康教育校本课程评价是一个系统的、科学的、有序的过程,大致而言可以分为以下几个阶段。

(一)准备阶段

在中小学心理健康教育校本课程评价的准备阶段,需要做好以下几方面的工作。

第一,组织评价小组,明确评价人员的组成。一般而言,小组成员应该包括学校领导、校本课程开发者、实施校本课程的教师、校本课程的受益者即学生、校外相关方面的专家等。

第二,在明确评价目的、评价对象和评价范围的基础上,制订评价方案,即确定如何进行评价。中小学心理健康教育校本课程评价方案的制定,要包括确定评价的指标体系,如何针对不同的人员、不同的课程内容需要分别采用不同的方法进行评价,以及评价的程序和时间安排等内容。

第三,准备评价工具。这里所说的评价工具主要包括两方面的内容:一方面是教育测量的工具,如问卷和调查表、心理测量量表、测验试题等;另一方面是评价的指标体系、访谈提纲、各种评

价与统计的表格等。

(二)实施阶段

在中小学心理健康教育校本课程评价的实施阶段,需要做好以下几方面的工作。

1.收集评价信息

收集评价信息实际上是运用各种评价工具和方法的过程。在这一过程中,以下几个方面要特别予以注意。

第一,评价者要熟悉各种评价工具的适用性、优缺点和注意事项。

第二,评价者要确保所收集信息的准确性和信效度。

第三,评价者要通过各种渠道对参与中小学心理健康教育校本课程的各类人员进行调查,以确保所收集信息的全面性。

2.处理评价信息

评价信息收集完毕之后,就需要运用一定的方法对这些信息进行处理。一般来说,通过调查表、问卷、心理测量量表、考试或测验等方法获得的数字型数据,需要运用统计的方法进行数据处理,现在大多运用 SPSS、SAS 等统计软件进行数据处理,比较方便;而对于访谈、观察等方法获得的文字型数据,需要运用归纳、分类等逻辑分析方法进行处理,相对难度较大,比较复杂,耗费的时间、精力也会比较多。但是为了获得可靠的结果,还是尽量要运用科学的、规范的数据处理方法进行分析。

3.得出初步的评价结果

在对收集的评价信息进行了处理后,便可以得到一个初步的结果,可以初步判定中小学心理健康教育校本课程的实施效果与预定目标的一致性程度,可以大致了解中小学心理健康教育校本课程开发与实施过程中还存在什么样的问题,也可以了解中小学心理健康教育校本课程开发和实施所带来的各种影响,为进一步的分析与总结提供依据。

(三)分析与总结阶段

在分析与总结阶段,主要是对初步获得的评价结果进行检验,然后根据检验后的结果对中小学心理健康教育校本课程开发和实施的过程与成效给予总结或下结论。需要注意的是,最终的结论必须是客观、全面,具有诊断和认定意义的。此外,要将最终的结论写成评价报告书,反馈给中小学心理健康教育校本课程的开发者、实施者以及学生等,以便进一步进行修改和完善。

六、中小学心理健康教育校本课程评价的方法

中小学心理健康教育校本课程评价的方法有很多,从大的方面来看,可以分为质的评价方法和量的评价方法两种。

(一)质的评价方法

在进行中小学心理健康教育校本课程评价时,质的评价方法主要是对文字型材料的评价,因而会较为灵活、深入。质的评价方法特别关注评价对象自己的体验、看法和收获,尊重评价对象对自己行为的解释,相对于量的评价来来说更加全面、深刻,更适用于对复杂现象的评价。不过,质的评价方法都是不够客观,难以得出能够量化的结果。观察法、经验总结法、访谈法和作品分析法是在进行中小学心理健康教育校本课程评价时常会用到的质的评价方法。

1.观察法

所谓观察法,就是"评价者或教师逋过观察学生在课堂上(活动中)的行为表现,分析学生的学习状况及课堂行为与教学活动

的合作程度,从而对学生学习情况进行评价的一种方法"①。在进行中小学心理健康教育校本课程评价时,运用观察法不需要经过繁杂的步骤,且能够非常及时地得到大量生动、直观、较为真实可靠的资料。但是,观察法缺乏控制,易受无关因素的干扰,而且难以对观察结果进行深入的量化分析。

此外,在运用观察法进行中小学心理健康教育校本课程评价时,为了使观察的信息更为准确、可靠和细致,需要使用课堂观察记录表(表 3-1)来进行记录。

表 3-1　课堂观察记录表

观察对象:	观察时间:		观察地点:		观察者:
观察项目		1	2	3	
观察学生知识、技能掌握情况(解答问题的情况、学生的表情状态)					
观察学生操作技能掌握情况(能判断操作的正误、独立准确有条理地进行操作)					
观察学生的注意力(整堂课集中注意、大部分时间集中注意、该集中注意时能够集中、有时候集中注意、注意力涣散)					说明: 1＝好 2＝中 3＝差
观察学生学习的参与情况(课堂提问回答的主动性、课堂讨论参与的积极性)					
观察学生的合作性(听别人意见、积极表达自己的意见)					
观察学生的思维状况(能有条有理的表达自己的意见、用不同的方法解决问题、解决问题的过程清楚、独立思考、做事有计划)					
总评					

---

① 刘万伦,戴敏燕,杨莉.中学心理健康教育校本课程开发的理论与实践[M].北京:科学出版社,2016:205.

2. 经验总结法

经验总结法是指不受控制的自然状态下，教师或教育管理者根据教育实践所提供的事实，按照科学研究的程度，分析概括教育现象，挖掘现有的经验材料，并使之上升到教育理论的高度，以便更好地指导新的教育实践活动的一种教育科学研究方法。在进行中小学心理健康教育校本课程评价时，运用经验分析法找出实际经验中的规律，从而为更加理性地进行中小学心理健康教育校本课程开发与实施提供经验。

在运用经验总结法进行中小学心理健康教育校本课程评价时，还要特别注意以下几个方面。

第一，所总结的经验必须是先进的。

第二，要在对总结对象进行全面考察的基础上进行总结，并要做到点面结合。

第三，要以中小学心理健康教育校本课程的开发与实施活动为依据进行经验总结，切不可凭空想象。

3. 访谈法

访谈法是指评价人员或确定的访谈者与评价对象或访谈对象面对面地交谈，从而了解情况，搜集有关评价资料与信息的方法。在进行中小学心理健康教育校本课程评价时，运用访谈法既可以在校本课程实施过程中，也可以在校本课程实施之后，对于了解该校本课程方案的具体实施效果和问题具有重要帮助。

访谈法具有良好的适应性和灵活性，也具有较强的可控性和活动性。但是，访谈法所得出结果的准确性会受到研究者素质的影响，而且难以向访谈对象提问较为敏感的问题，难以对访谈结果进行量化。因此，在进行中小学心理健康教育校本课程评价时，访谈法需要和调查表法、问卷法等其他方法结合运用。

4. 作品分析法

作品分析法是指对调查对象的各种作品，如笔记、作业、日记、文章等进行分析研究、了解情况、发现问题、把握特点和规律的方法。作品分析方法既可以展示学生进行科学学习的整体质量，又可以从学生作业或作品的立意、设计、实施、结论、资料的正确性、完整性、科学性和创新性等方面综合考查学生对所学知识技能的掌握水平，以及对科学方法与研究能力的运用水平。

运用作品分析法对中小学心理健康教育校本课程开发进行评价，主要是对校本课程方案、相关的管理制度、教师的教案、平时的活动记录、课堂实录、学生的各种作业等进行分析，以便及时发现问题和不足，及时进行修正。当然，运用作品分析法也可以看出中小学心理健康教育校本课程实施的效果。

（二）量的评价方法

在进行中小学心理健康教育校本课程评价时，量的评价方法主要是对数字型材料的评价，因而会较为精确、客观，且能够对课程现象的因果关系做出较为准确的分析。但是，这种方法忽视了评价对象也应该参与到评价过程之中，因而评价结果不够全面。调查表法、测验法和问卷法是在进行中小学心理健康教育校本课程评价时常会用到的量的评价方法。

1. 调查表法

调查表法是一种以问题的形式呈现出要调查的内容，并且设计成调查表的形式，让被调查对象来回答，借此收集研究所需材料的一种方法。在进行中小学心理健康教育校本课程评价时，运用调查表法可以较为客观地了解到在中小学心理健康教育校本课程开发过程中所出现的新问题，以便于及时调整和修改。

调查表法所要调查的内容是比较客观的，如人口统计学的资料，也可以是对问题的看法，如了解中小学生对心理健康教育课程的看法和意见等。调查表法的特点是省时、省力，并且有效，可以在较短时间内收集到大量的信息。但由于调查表的内容有限，问题的设计也较粗略和主观，因此所获得结果不够客观，也不够全面。

2.测验法

测验法是运用一套标准化题目或量表,按照规定的程序,通过心理测量的手段来收集数据资料的方法。在进行中小学心理健康教育校本课程评价时,运用测验法可以较为准确地了解中小学生的心理健康状况,了解心理健康教育校本课程实施前后中小学生心理发展水平的变化,了解中小学生心理状况发展与心理健康教育校本课程教学之间的关系,对于探测中小学心理健康教育校本课程开发方案实施的效果具有重要的作用。

测验法的标准化程度和信效度都很高,测量的程序和处理数据的规范化和标准化程度也都很高,这就保证了通过测验法得出的结论是较为准确的。但是,中小学心理健康教育校本课程与数学、英语等课程不同,其知识内容不易量化,中小学生心理素质的提升不仅受到心理健康教育校本课程的影响,也受到期间生活事件、学习经验等的影响,所以对于结果的解释需慎重。

3.问卷法

问卷法是研究者用统一的、严格设计的问卷来收集研究对象有关心理特征和行为数据资料的一种方法。在进行中小学心理健康教育校本课程评价时,运用问卷法可以更多地了解被调查者对某些问题或现象的态度和看法。

问卷法既有较高的标准化程度,也有较高的信效度,且能够在短时间内收集到大量的资料。同时,由于问卷的内容客观统一,因此能够较为方便地进行处理与分析,且不需要花费大量的人力、时间和经费。但是,问卷的问题和回答方式比较固定,灵活性不强;通常只能研究一些比较简单、表面的问题,难以对复杂的问题进行深入的研究;得到的结果的真实性受被调查者的认真程度影响较大。因此,必须对通过问卷法获得的资料进行深入分析,找出最为真实和客观的资料。

第四章　中小学生自我意识的培养

自我意识是人的意识发展的高级阶段,是个体隐藏在其内心深处的心理结构。人可以通过自我意识来认识自己、调节自己,从而使自己得到进一步的完善。客观的自我认知是正确的自我评价的基础,而正确的自我评价对于个人的行为表现、心理生活及个人在社会群体中人际关系的协调,都具有重大的影响作用。在中小学教育中,人们越来越重视中小学生的主体作用,而发挥学生的主体作用是以发展学生的自我意识为前提的。本章主要就中小学生自我意识的基本含义、中小学生自我意识发展的特点与影响以及中小学生良好自我意识的培养进行分析。

第一节　自我意识的基本阐释

自我意识是人类特有的意识,是人对自身的认识,以及自己与周围事物的关系的认识。自我意识不是天生具备,而是在后天学习和生活实践中逐步形成的。以下主要讨论自我意识的含义、结构以及自我意识的发生与发展。

一、自我意识的含义

自我意识是作为主体的我对自己本身,以及自己与客观世界、周围环境以及与周围人人际关系的一种意识。自我意识的概念来自自我。美国心理学家詹姆士是最早在其著作《心理学原

—— 98 ——

理》中明确提出自我（self）一词的人。而意识（consciousness）则是人在社会实践中产生的，借助于语言对客观现实反映的高级形式。它具有自觉性和能动性的特征。这些特征决定了人对客观现实的心理反映是一种有目的的意识活动，也决定了人的意识能反映和改造客观世界。当这种意识指向自身时，便成为自我意识。正是有了自我意识，人类才大大丰富和提高了对人与环境关系的把握能力，从而将自身的心理发展水平往前推进了一大步。

二、自我意识的结构

自我意识的结构十分复杂，它是一个多维度、多层次的心理系统，不是个别的心理机能。对此，可以从形式、内容和存在方式三个维度进行分析。

从形式上看，自我意识可分为自我体验、自我认识和自我调节，它们分别反映了自我意识的情感、认知和意志三种成分。自我体验是指一个人对自己的一种态度体验，它是在自我认识的基础上产生，反映个体对自己所持的态度。自我体验包括自尊、自信、自卑、自豪感、自我效能感等。其中，自尊是个体在社会化比较过程中所获得的对自我价值的积极的情感体验，它是自我体验中的主要方面。

从内容上看，自我意识可分为生理自我、社会自我和心理自我。生理自我是指一个人对自己身体、性别、年龄、容貌长相、身高、体重、健康状况方面的认识，就是对生理自我的认识。在行为上表现为追求外表美、对所有物的占用、支配与爱护等。8个月至3周岁是儿童生理自我发展的关键期。社会自我是指人从3岁左右开始认识社会自我。比如，自己在社会中的角色、地位、权利以及责任义务等。在行为上追求个人的名誉、地位，和他人进行激烈竞争等。上了小学以后，就取得了"学生"的称号，通过扮演"学生"的角色而被社会认可。如去公共场合不必让父母相伴，在外乘车需要买票；作为成人角色的父母要每天上班，作为学生角色的我们要每天背着书包上学。心理自我是指处于青春期的少年朋友特别重视心理自我。比如，对自己的能力、气质、性格等方面的认知。在行为上追求个人能力的提升、品格的完善等。

上述的生理自我、社会自我和心理自我是一个由低到高的发展序列，而且三者之间是密切联系的。其中每个层次都有不同的自我认识、自我体验和自我控制，这些要素不同的组合，形成了不同个体不同的自我意识。

从存在方式看，自我意识可分为现实自我、投射自我和理想自我。现实自我是指个体从自己的立场出发对自己当前总体实际状况的基本看法。投射自我也称镜中自我，是指个体想象自己在他人心目中的形象或他人对自己的基本看法。理想自我是指个体想要达到的比较完美的形象。如果理想自我、现实自我和投射自我三者之间有矛盾，就会引起个体内心的混乱，甚至会引起严重的心理疾病。

三、自我意识的发生与发展

（一）自我意识的发生

人的自我意识不是与生俱来的，是在生物成熟的基础上，通过社会实践活动而逐渐形成的。人能够认识自己，把个体从客体中区分开来，并意识到自己的存在，要经过一个很长的发展过程。出生不久的婴儿并无自我感觉，他们吮吸自己的手指，就如吮吸身外之物一样，他们不知道手指是自己身体的一部分。一般认为以"我"的掌握为重大转折意义的标志，个体大致在2岁左右产生自我意识。

心理学家肯根以一批两岁左右儿童为研究对象，从行为入手，根据对标准词的识别、模仿示范动作、产生控制性微笑、发号施令以及自我描述性言语五项指标进行追踪观察，深入地研究自我意识产生的过程。

这五项指标出现的时间分别为：（1）对标准词的识别，研究发现 20 个月左右的儿童开始使用如脏、错，能等表示标准的词；（2）出现模仿示范动作的苦恼，15 个月的儿童开始出现模仿实验者示范动作的苦恼，两岁左右达到顶峰，说明儿童已出现对自己能力的意识；（3）产生控制性微笑，20～24 个月的儿童产生完成某一行为的微笑；（4）发号施令，20～25 个月的儿童向成人发号施令的现象增多；（5）自我描述性言语，19～24 个月的儿童使用"我的""我"等描述自己行为的词语增多。通过这些研究，人们对自我意识的出现有了更全面、更深刻的认识。

（二）自我意识的发展

学术界关于自我意识发展的研究很多，其中以美国新精神分析学派的代表人物埃里克森的心理社会性发展八阶段理论最具影响力，他认为在每一个心理发展阶段中，人们都将面临特殊的危机和矛盾，在解决的过程中，个体形成了自己积极的或消极的两方面的人格特质。如果个体在各个阶段都保持着向积极品质的方向发展，就是完成了这阶段的心理构建任务，将逐渐实现健全的人格，否则就会产生心理危机，将出现情绪障碍，形成不健全的人格。埃里克森的心理社会性发展八阶段具体内容如下。

第一阶段是婴儿期，年龄在 0～1.5 岁之间。这一时期面临的主要矛盾是信任与怀疑的心理冲突。这期间的婴儿开始认识了"人"，当他哭闹或感到饥饿时，看护者是否出现是建立起信任的关键。发展顺利的表现是婴儿与看护者建立起初步的爱与信任，他将获得安全感；而危机表现是认为外在世界是不可靠的，在不熟悉的环境中会产生焦虑。

第二阶段是儿童期，年龄在 1.5～3 岁之间。这一时期面临的主要矛盾是自主与羞怯的心理冲突。这个阶段的儿童掌握了大量的技能，如走路、奔跑、说话等。更重要的是其学会了怎样坚持或放弃，也就是心理学上说的开始"有意志"地决定做什么或不做什么。发展顺利的表现是开始出现符合社会要求的自主性行为;而危机表现是缺乏信心,产生羞愧感。

第三阶段是学龄初期,年龄在 3～6 岁之间。这一时期面临的主要矛盾是主动感与内疚感的冲突。这个阶段的重要事件是儿童表现出的主动探究或者独立活动。发展顺利的表现是儿童对周围世界更加主动和好奇,并初步具有自信和责任感;而危机表现是形成退缩、被动、压抑的人格,并产生内疚感。

第四阶段是学龄期,年龄在 6～12 岁之间。这一时期面临的主要矛盾是勤奋感与自卑感的冲突。这个阶段的重要事件是儿童入学。发展顺利的表现是儿童学习知识,发展能力,并且形成成功感;而危机表现是产生自卑感和失败感,缺乏基本能力。

第五阶段是青春期,年龄在 12～18 岁之间。这一时期面临的主要矛盾是角色同一和角色混乱的冲突。这个阶段的重要事件是同伴交往。发展顺利的表现是在职业、性别角色等方面获得了同一性,并且方向明确;而危机表现是难以始终保持自我一致,容易丧失目标,失去信心。

第六阶段是成年初期,年龄在 18～25 岁之间。这一时期面临的主要矛盾是亲密感与孤独感的冲突。这个阶段的重要事件是爱情与婚姻。发展顺利的表现是乐于与他人交往,并且感到和他人相处具有亲密感;而危机表现是被排斥在周围群体之外,疏离于社会而感到孤独。

第七阶段是成年中期,年龄在 25～65 岁之间。这一时期面临的主要矛盾是繁殖感与停滞感的冲突。这个阶段的重要事件是养育子女。发展顺利的表现是关爱家庭,支持下一代发展,并且富有社会责任感和创造力;而危机表现是过于自我,产生颓废感,生活消极懈怠。

第八阶段是成熟期,年龄在 65 岁以后。这一时期面临的主要矛盾是完善感与绝望感的冲突。这个阶段的重要事件是反省和接受生活。发展顺利的表现是自我接受感和满足感达到顶点,安享晚年;而危机表现是固执于陈年往事,在绝望中度过余生。

埃里克森心理社会性发展的八个阶段的关系是相互依存、紧密联系的,其顺序是由遗传决定的,但是每个阶段能否顺利度过却是由环境决定的。个体在每一阶段面临的主要矛盾,其解决方式对自我意识和价值观有着极其重要的影响。而且,后一阶段发展任务的完成依赖于前一个阶段或前几个阶段冲突的解决,如果个体发展的阶段性危机没有得到顺利解决,将影响其人格和社会性发展。

四、自我意识对中小学生成长的作用

自我意识在个体的发展中有着十分重要的作用。自我意识是认识客观事物的条件,是个体的自觉性、自控力的前提,对自我教育有着推动的作用。同时自我意识也是改造自身主观因素的途径,它使人能不断地自我监督、自我完善。由此可见,自我意识影响着个体的道德判断和个性的形成,尤其对个性倾向性的形成起着至关重要的作用。以中小学生为例,自我意识对其成长具有极为重要的作用,具体表现在以下几个方面。

(1)促进中小学生个性倾向水平的提高。在中小学生的个性心理倾向中,自我意识在作为其基础的需要的调整,以及作为高层次的世界观的改变方面都起着重要的作用。中小学生可以通过自我意识将社会的各种准则内化为主观需要,以克服某些消极的生物性需要,促进需要结构水平,也可以通过自我意识改变消极的人生观,确立合理的、积极的、向上的人生观。

(2)促进中小学生个性品质的完善。中小学生的个性心理特征的形成,不仅受生物因素、环境因素的影响,而且还受到中小学生主观因素的影响。具有相近生理状况的两个人,在几乎相同的环境中成长,若其所受不同的主观因素影响,最终他们的个性将会有很大差异。这里的主观因素,主要就是自我意识。中小学生可以通过自我认识来了解自己,找出自己个性特征中的缺陷,从而通过自我调节加以改善。如有的学生自知学习能力一般,便笨鸟先飞、以勤补拙,结果不仅成绩较好,而且能力也得到发展。

第二节 中小学生自我意识发展的
特点与影响因素剖析

自我意识是整合、统一个性各个部分的核心力量,是衡量个性成熟水平的标志,也是推动个性发展的内部诱因。在中小学生个性发展的过程中,自我意识在小学生和中学生中呈现出其独有的特点。本节主要讨论中小学生自我意识发展的特点与影响因素剖析。

一、中小学生自我意识发展的特点

(一)小学生自我意识发展的特点

小学阶段是儿童自我意识发展的加速期,到了小学阶段,小学生开始主动地考虑和意识到自己应当怎样学习和行动,这就使小学生的自我意识提高到一个新的、较高的水平。小学生自我意识发展特点主要有以下两点。

(1)自我评价的全面性有了一定程度的发展。小学低年级的学生在评价自己和别人时,常常比较片面。到中高年级以后,小学生不但能指出自己的优点,而且还能指出自己的缺点并改正。

(2)自我评价的独立性日益增长。小学低年级学生的自我评价和学前儿童没有多大差别。在正确的教育下,从小学中年级开始,学生学会独立地把自己的行为和同伴的行为加以比较,把同伴的行为当作评价自己的行为的依据之一,而不是盲目地、简单地根据老师的评价作出判断。

(二)中学生自我意识发展的特点

处于青春期的中学生是自我意识发展的高涨期,学生在此期间生理方面发生了重大变化,更重要的是个体开始有了清晰的自我个性发展倾向,产生了不同于小学时期的一些显著特点,主要在以下几个方面有显著的表现。

1.中学生自我体验的发展

(1)自尊感日益突出。自尊感在中学生阶段表现得非常突出和强烈,其渴望得到他人的赞赏和肯定,对外界的评价也尤其敏感和关注。这些评价会对他们自身产生很大的影响。

(2)自我成人感日益显著。随着生理发育的显著变化,个体开始出现了第二性征,中学生除了感到惊奇兴奋外,还产生了"我长大了""我成人了"的感觉,于是开始注意和关注自己的外形。

(3)自我情感体验日益丰富。中学生的情感体验日趋丰富和深刻,情绪高涨时会体验到自负、自豪、自满、自傲;情绪低落时会体验到自惭、自怜、自责、自怨等。

2.中学生自我调节的发展

(1)由自我监控向自我教育发展。自我调节的初级水平是自我监控,其最高水平和发展形式是自我教育。一般来说,自我教育在青少年时期就开始出现,这是中学生自我调解发展的一个重要变化和形式,其标志着中学生的自我调节开始进行主动性的自我监督和自我控制。

(2)由被动性向主动性逐渐增强。自我调节可分为被动自我调节和主动自我调节。前者是指由外在控制力引起的自我调控,后者是指由个体主动定位目标、监督自我的自我调节。据一项调查表明,小学三年级学生的自我调控能力已经很高了,但这主要是被动自我调节。进入青少年期,中学生的自我调节能力明显增强。

3.中学生自我评价的发展

(1)评价的适当性。小学生自我评价适当性较差,容易出现偏高或偏低等与实际情况不符的现象。中学生由于思维能力的迅速发展,自我评价逐渐趋向于与实际情况相符。

（2）评价的概括性。小学生自我评价的概括性较差,主要表现在评价局限于外部行为和评价具有直观、具体的性质。进入中学后,个体抽象思维能力得到迅速发展,自己评价的概括性增强。如小学生在评价学习认真时用"能独立做完作业,不抄袭他人"；低年级中学生则用"能认真完成作业"来评价；而高年级中学生自我评价的概括性进步提高,使评价具有一定的统摄性,他们会用"自觉、勤奋、刻苦"等词语来评价学习态度。

（3）评价的独立性。小学生的自我评价对成人具有很大的依赖性,其评价标准基本按成人取向。而中学生的自我评价开始具有明显的独立倾向,并大体存在两个发展阶段。第一阶段,自我评价的标准从儿童期的以成人为取向变成以同龄伙伴评价标准为取向,这表明其自我评价开始摆脱对成人的依赖,形成相对独立的自我评价。第二阶段,自我评价克服了以同龄团体评价标准为取向,形成个体独特的自我评价。

（4）评价的稳定性。小学生的自我评价很不稳定,他们容易在不同时间和场合下改变自我评价。进入中学,评价的稳定性开始逐渐提高。低年级中学生,评价的稳定性还比较差,其容易因一时成功而过高评价自己,也容易因一时的失败而低估自己,更容易受同龄人评价的影响。随着年龄的不断增长,自我评价也日趋稳定。

二、中小学生自我意识发展的影响因素

个体自我意识的形成和发展需要经过一个漫长的发展过程,影响中小学生自我意识发展的因素非常多。下面以中学生为例,具体讨论影响其自我意识发展的因素,一般来说包括以下五个方面,即生理因素、家庭因素、学校因素、同伴因素和社会文化因素。

（一）生理因素

中学生正处于身体生长发育高峰的青春期,这一阶段的生理

变化主要表现在五个方面:第一,生长突增,主要是身高和体重的迅速增加;第二,身体成分的变化,主要表现在肌肉和脂肪的数量和分布上;第三,循环系统和呼吸系统的发育,这使得中学生活动的力量和耐力增强;第四,主要性征的发育;第五,第二性征的发育。生理上的这些急剧的变化使中学生开始意识到自己不再是小孩,而出现了"成人感"。

在身体迅速发育的同时,中学生获得了一种新的思维能力——反思能力。这是能够对自己的心理过程和内心活动加以分析、评定的思维能力。有了这种思维能力,中学生就可以把自身作为思考的对象,把自己的心理活动清晰地呈现在思维的屏幕上,按照内化了的社会化标准,像分解每个具体动作那样审视自己的个性特点、道德品行和情绪状态。良好的自我监督、自我评价和自我体验就是在不断自我反省和与社会标准的对比中形成的。同样不良的自我评价也是在不断反思中发展起来的。

(二)家庭因素

家庭是社会的基本单位,是个体成长和社会化的主要场所之一,个体从一个基本依靠本能生活的婴儿发展成一个合乎社会角色的要求的、被社会环境认可和接纳的人,家庭环境起了重要的塑造和影响作用。父母是儿童早期认同并模仿的对象,在儿童性格的形成中具有无穷的力量,并且儿童年龄越小,这种力量就越大。他们会以家长的所作所为来评价自己与他人,并且借此逐渐形成自己的态度和行为习惯。因此,父母对儿童的自我意识形成起着非常重要的作用。

(三)学校因素

在学校的学习生活中,中学生随着年龄的增长,他们在与周围人,尤其是比较重要的人的交往中,逐渐把他人的判断内化为自己的判断,这时候个体依据自己的想象,按照他人的观点来看待自己。

随着时间的推移,自我意识慢慢地脱离他人的评价,成为自律的标准而发挥作用。这时候,中学生渴望追求自己的价值与地位,对忽视自己和不重视自己的人没有好感,而采取回避和疏远的态度;反之,对肯定自己的人则主动去接近他们。教师的评价最容易给学生带来积极或消极的影响。比如在学校,教师请同学回答问题时,回答结束后教师对学生的评价要以鼓励和表扬为主。往往得到好评的学生比被批评的学生的自尊心、自信心要强,同时对自我监督有着很大的帮助。若是教师在同学犯错时,把同学的错误放大,一味地去追究责任、批评和惩罚,忽略了与青少年真挚的沟通,叛逆或是自尊心受损的中学生就会有种"破罐子破摔"的想法,从而有了恶性循环,在行为上对教师和学校都产生了敌视,很容易走上犯罪的道路。因为,受到评价的过程是一种自我体验的形成过程,所以教师在对中学生做评价时一定要慎重,不可打击学生的积极性和自尊心。

(四)同伴因素

同伴也是影响中学生自我意识发展的重要因素。中学时期的青少年正处于儿童向成人的过渡时期,在这一阶段,他们不仅有生理、心理、智力等方面的重大发展,在社会关系上,也呈现出全新的人际交往模式。他们开始疏远成人而热衷于同伴交往,对同伴倾注了越来越多的感情,同时也萌生了与异性交往的强烈欲望。他们逐渐学会了把自己与同学的观点区分开并协调起来,进一步发展了自我认识。班集体作为青少年人际交往的社会背景,分享着共同的价值观,并形成青少年个体的归属感,如服饰、音乐和朋友的选择等。

同伴对于中学生自我意识的影响也可能起到消极的作用,如在不良的团体中,中学生可能习得不良的价值观和行为方式,这也是家长对中学生交友干预的原因。

(五)社会文化因素

社会文化环境是中学生心理发展的前提和背景,他们的思想意识和价值观念都源于所处的背景文化。一个社会的主流文化是消极颓废的还是积极昂扬的,在很大程度上决定一代青少年的主导心境。在中学生自我意识形成的关键时期,应提倡积极向上的社会文化或是健康的人文精神,给青少年在社会中树立正确积极的模仿榜样。除此之外,对于成长中的青少年要有民主的环境和包容的气氛。社会如何期待青少年的成长决定了我们所给予青少年什么样的成长环境和成长氛围。

　　总而言之,中学生的自我意识就像其他心理发展一样受到多种因素的影响,是这些诸多因素共同作用于每个中学生和其所在的集体,塑造了中学生的自我意识。

第三节　中小学生良好自我意识的培养

　　自我意识作为人格中的自我调控系统,制约着个人的全部心理生活与行为,对中学生的成长与发展起着重大的作用,在一定意义上可以说,一名中小学生具有怎样的自我意识,就可以预测他会怎样发展。当他以"做一个正直、诚实的人"作为理想自我的目标时,他在生活中就会坚持真理、维护正义、见义勇为;如果一个学生对自我根本没有理想和要求,他也就不大可能对社会作出积极的贡献。因此,培养中小学生具有良好的自我意识,是提高其心理素质的重要内容。本节主要讨论中小学生良好自我意识的培养。

一、小学生良好自我意识的培养

(一)引导小学生正确认识自我

　　自我意识的培养与发展是一个漫长的、循序渐进的过程,它包括许多方面,如认知与能力的提高等。它是小学生健全人格形成的基础，是个体的身心健康得到发展的有利保证。

在个体成长过程中，他们会不断与周围人群相互作用也会不断接受到他人对自己的评价，随着个体认识能力的提高，他们会对这些评价加以分析，进行取舍，从而促使自己更加全面地看待自己。一般来说，自我意识的培养，可以从以下几个方面去引导。

（1）引导小学生正确地同别人比较。

（2）引导小学生正确分析别人对自己的态度和评价。

（3）引导小学生通过自己的学习成绩和活动成果正确客观地分析自己。

（二）培养小学生的自信心

自信心作为一种相对稳定的自我情感，是个体对自身价值和能力的一种积极的自我肯定，并由此做出相应的社会行为。小学生的自信心是完成学习任务的巨大动力源，是培养小学生创新能力的前提。

（1）应信任学生，以学生为中心。要树立自信心，就必须克服依赖心，而做到这一点最好的办法，就是要信任每一个学生。

（2）让小学生获得成功，并获得成功的体验。

（3）应根据小学生的实际水平，调整对其的期望值。事实上对小学生的期望过高或过低都是有害的。只有期望适中，使学生经过一定努力才能达成目标，自然有助于树立与巩固自信心。朱熹的名言"小以成小，大以成大，无弃人也"说的就是这个道理。

既能了解自我，又能接纳自我，体验自我存在的价值，即是能对自己做出恰当评价的人。通常来说，能够悦纳自我的人不会对自己刻意挑剔，也不会对自己妄加批判。一个悦纳自己的人，并不意味着他是一个完美的人，而是说他在认清并接受自己优点的同时，也能够了解自身的缺点或不足，并且坦然地接受和承认这些不足。

（三）培养小学生的自我调控能力

自我意识的能动性，最终将体现在自我调控之上，自我调控是自我意识的执行方面。自我调控主要表现为个人对自己的行为和态度的调控。一般来讲它包括自我检查、自我监督、自我控制等。影响小学生自我调控的因素主要有个人因素、环境因素和行为因素。个人因素主要有学生的动机水平、自我效能感和归因；环境因素主要有模仿、社会支持和环境氛围；行为因素主要有自我观察，自我判断和自我反应。可以从以下几个方面促进小学生自我调控能力的发展。

(1)培养小学生良好的行为习惯。形成良好的行为习惯就是将行为规则内化成其自觉执行的行为，可以使其不必付出太大的意志努力就能完成任务。行为习惯应从小事上开始培养，如完成作业后收拾书包、遵守作息时间等。在生活方面也应对其严格要求，如要求小学生完成的任务一定要督促其完成，决不能半途而废。小学生在形成良好的行为习惯的同时，也锻炼了自我调控的能力。

(2)培养小学生行为的目的性，减少其行动的盲目性。只有认识、明确行动目的，才能自觉独立地调节自己的行为，摆脱外力监督和管理的依赖性。一般来说，低年级小学生比较缺乏对行为目的的认识，其行为要依靠外力的监督，如教师或家长在场时能遵守纪律，教师或家长不在时，他们常常违反纪律。同时他们很容易受到外界的暗示，不加选择地模仿他人的行为，并且不考虑这种行为是否正确。只有在良好的教育下，中、高年级小学生才能逐渐地自觉遵守纪律，独立完成任务。

(3)培养小学生正确的归因方式。不同的归因倾向对其自我调控有不同影响。若小学生倾向于把自己的学习活动结果归因于可控制的非稳定的内部因素，即相信通过个人的努力，以及时间选择、调整方法等调控手段，可以改变学习进程并最终完成学习任务，那么学生就更可能对自己的学习进行自我调控。相反，若个体倾向于不可控的外部归因，如运气、心情、天气等，认为靠自己努力是不能取得成功的，则会削弱自我调控能力。

(4)创设良好的心育环境。社会支持、环境氛围、模仿等都是影响小学生自我调控的环境因素。其中社会支持来自于教师、家长及同伴的帮助,以及文字、图片、图表等其他形式的符号信息。另外,在校园生活中,开放的课堂氛围则是另一种影响学生自我调控技能发展的社会支持。开放课堂的良好氛围有助于学生进行反思性学习,独立自主地开展学习活动,发展好奇心和求知欲。对自我调控学习榜样的模仿,能够提高学业不良学生的自我功效。尤其当小学生认为榜样与自己各方面极为相似时,这种模仿特别有效。

同时,教师还应引导小学生确立一个合理的理想自我,既不要满足于现有的状况,又不能对自己要求过高、过于苛刻。要引导小学生在充分正确地认识现实自我的基础上,确立一个既高于现实自我又要经过努力便可实现的理想自我,只有这样才能促使小学生不断进取,在不断地体验成功与进步中永远对自己充满信心。

二、中学生良好自我意识的培养

培养中学生具有良好的自我意识,学校教育要从各方面创造有利的条件。首先要求学校教育改变培养的模式,从过去要求学生循规蹈矩,唯"成绩论"中走出来,应当尊重学生个性,解放学生的独立性;其次,在教育方法上,充分发挥学生的主动精神,鼓励学生开拓进取、探索创新,而废除那种"唯书""唯上"的教学方法;最后在师生之间营造一种民主和谐的教育氛围,反对师道尊严的专制式师生关系。

与此同时,家庭教育也应为中学生良好自我意识的培养创造有利条件。即家庭内部的关系要民主而不能专制;教育的方法要启发诱导,而不能强迫压制,更不能进行"打骂教育"。因为打骂不仅伤及学生的皮肉,而且摧残学生的自尊心。严重影响培养学生独立自主、自信自强的精神。

在为中学生良好自我意识的形成创造了必要的条件后,中学生加强自我教育与自我修养,就成为培养良好自我意识的关键。

(一)正确认识自己

想要自己成为一个什么样的人,首先要了解自己是一个什么样的人。但是了解自己并不容易,人们常常说知人难,知己更难,人难得有自知之明。中学生可以从以下几个方面正确地认识自己。

(1)要正确认识自己,必须全面的解剖自己,看看自己有哪些优点和长处,有哪些缺点和短处。"金无足赤,人无完人"。只看见自己的优点,觉得自己是一朵花,只看见自己的缺点,又觉得自己不像话。或者觉得自己了不起,或者觉得自己是世上多余之物,这样都不能正确认识自己。

(2)要正确认识自己,应当严格要求自己。对自己缺乏严格的要求,处处原谅自己,宽容自己,就不可能正确地认识自己。

(3)要正确认识自己,必须客观地评价自己。看自己的优点用放大镜,看别人的缺点用显微镜,夸大自己的优点而缩小自己的缺点,则不客观;或者只凭自我评价,而不听别人的评价,又或者只听别人好的评价,而不听别人不好的评价,也不客观。只有在全面考察自己的优缺点后,联系自己的实践经验和别人的评价进行全面的估量,才能对自己作出正确的评价。

(二)获取积极的自我体验

自我体验有积极的和消极的,培养健康的自我意识,必须获取并积累积极的情感体验,克服消极的自我体验。

中学生在学习上或在其他的活动上取得成就,由此体验到高兴和愉快,这种成功的体验就属于积极的体验。当中学生听到富有爱心的故事、看到别人舍己救人的英雄事迹,而为他人美好高尚的心灵所震撼时,这种心灵美的体验,也是属于积极的体验。当中学生做了好事,帮助了残疾人,或是拾得的钱归还失主,这时会感到良心上的欣慰,这种道德体验,同样是一种积极的经验。

中学生积累的成功的、美好的、高尚的自我体验越多,自己的心灵就会变得更好更高尚,更能驱使自己去从事高尚的行为。

(三)不断调整自我实现的意向

能对自我的意向进行有意识的调控是中学生心理成熟的重要标志之一。自我调控体现在一个人自我实现的各个环节之中。

(1)及时调整理想自我的目标。一般来讲,中学生在确立自我理想时,往往是不稳定、不成熟的。随着其积累丰富的知识经验,提高对事物的认识能力,以及时代环境的发展变化,原来所确立的理想必然要进行相应的改变。中学生要善于因主客观情况的变化而及时调整理想自我的目标。例如一个高中学生,出于对影视明星的崇拜以及兴趣爱好,确立了自己长大后成为明星的理想,然而随着年龄的增长,由于对自我认识的提高,他觉得自己并不是一块成为明星的材料,于是他改变了当明星的理想,而重新确立了自我的理想。这显然是种自觉而聪明的抉择。

中学生的自我理想,既受个人年龄特征的支配,也受个人发展的条件所支配,同时受时代需要的制约,受社会流行思潮的影响。中学生要学会把客观和主观的条件结合起来思考,进行自觉地抉择和调整。在对自我理想应该调整而不及时调整时,最终不但自我的理想无法实现,还会给个人带来痛苦。但是,如果自我理想是正确而合乎实际,只是遇到暂时的困难和挫折,那就应该坚韧不拔地克服困难,坚持实现自我的理想。

(2)经常自我反省和自我完善。任何人都不可能十全十美、不犯错误。要实现自我理想,必须经常进行自我反省、自我监督,在发现自己的优点和长处时应予以发扬,在发现自己的缺点和错误时则加以改进,这样个人才能不断自我完善,赶上时代发展的脚步,成为适应时代需要的人才。

孔子说:"见贤思齐焉,见不贤而内自省民"。这是说见到思想品德好的人要向他学习,见到思想品德不好的人要回头反省自己。中学生如果做到坚持向我国优秀的英雄模范人物、革命家、思想家学习,又能经常用国家和学校对中学生的要求进行反省,必将成为新世纪不可战胜的杰出人才。

在中学时期,用同学好友聚会谈心、写日记的方法互相切磋,互相促进,有利于中学生学习品德的进步与完善。

(3)自觉进行自我控制。中学生自我控制的能力在提高,但一般来讲中学生自我控制的能力仍较差。在中学时期自觉努力培养自我控制的能力,对一生的发展与成就有着重大意义。自我控制能力并非一时应激之举,而是长期品德修养的产物。一个人对待他人和事物的态度,以及他的人生观、世界观与价值观都会制约他自我控制的能力。一个热爱人民、胸怀大局的人不会因个人一时的荣辱而卑躬失节;一个具有正义感的人决不会因图一时的自保而对自己的同志落井下石;一个通晓事物发展变化规律的人,决不会因暂时的困难与挫折而惊慌失措;一个对人宽厚、富有爱心的人,决不会因一时的气愤而伤害自己的伙伴。因此,培养自我控制的能力,关键是提高自我控制的文化道德修养。为实现对自我要求之言行的控制,需要具备以下几项要求。

首先,要有自我控制的要求。如有的人在愤怒时只求报复和泄愤,而无自我控制的要求,这样愤怒的情绪就会越来越强烈;如果在自己刚产生愤怒时就竭力控制自己的情绪,那么愤怒就可以受到控制;其次,学会自我控制的技能与策略。每个人都有自己的策略与方法控制自己的言行,如转移注意的目标,变换角色地位思考问题,采用自我防卫的策略,以及有意识对自我进行提醒、警告等,都可以作为临时自我控制的措施;最后,要有自我控制的信心与能力。自我控制的信心与能力是相辅相成的,都是通过自我控制的实践而形成。人们在情绪冲动时,要学会去控制自己的冲动。经过这样的锻炼,就可以增强自我控制的信心,提高自我控制的能力。

中学生坚持在学习与生活过程中,能做到不断正确地认识自己,培养良好的自我体验,并在实践中不断反省与完善自我,对自我实行自觉的调控,就能把自己培养成为具有良好意识的公民。

第五章　中小学生学习心理及其辅导

学习是人类适应不断变化的复杂环境的一种重要活动,学习心理问题是教育心理学研究的中心内容。中小学教育情境下的学习以 7～18 岁儿童和青少年的学习为主线,涉及教师与学生的双边活动。中小学生的感知、记忆、思维、想象等认知活动、情感过程和意志过程不仅在不同年龄、不同年级学生的纵向比较上呈现明显的水平不一,而且在相同年龄、相同年级学生的横向比较中也存在个性差异。其特殊性要求教育者必须熟悉中小学生的认知过程,了解行为主义、认知学说、人本主义、建构主义等不同学派的学习理论,并灵活应用学习动机、智力与创造力培养等相关知识,科学合理地组织、实施中小学生学习心理辅导,以便有效地促进教师的教学和学生的学习。

第一节　学习心理的理论阐释

一、学习的内涵

(一)学习的概念

心理学中有关学习的概念众说纷纭,没有统一的说法。一般认为学习的含义有广义、狭义两种。从广义上理解,是指由经验引起的主体行为的持久性变化过程,包括人和动物的学习。尽管人类的学习与动物的学习有着巨大的区别,但不可否认在最低级的动物身上也存在学习。从狭义上理解,专门指人类的学习。作为狭义的学习,人类的学习在目的与动力、内容与形式以及过程等方面有着其独有的特征:人类的学习内容要比动物的学习内容广阔得多;人类的学习通过语言中介得以实现;人类的学习是一个积极主动的过程,与动物自发性质的学习有着本质区别。学生的学习是人类学习的一种典型形式,是指学生在教师指导下,有目的、有计划、有组织地掌握知识、发展能力、形成人格的过程。

(二)学习的过程

学习是一个复杂的过程。现代信息加工理论认为,人类对知识和技能的学习过程与计算机处理信息的过程是相似的,他们企图用信息的流程来解释人类对知识、技能的学习过程。认知心理学家则以实验为基础,提出了对教育活动富有指导价值的信息加工过程理论。

加涅认为,学习是学习者通过自己对来自环境刺激的信息进行内在认知加工而获得能力的过程,这一过程由三个系统(加工系统、执行控制系统、预期)协同活动进行(图5-1)。加工系统由感受器、感觉登记器、短时记忆、长时记忆、反应发生器和效应器共同构成。执行控制系统主要作用在于对整个信息加工过程进行内在的调节控制,是个体认知策略的体现,属于程序性知识的内容。预期属于信息加工过程中的动机系统。它可以理解为学习的任务或目标,适当的预期对学习者进行有效学习和记忆有重要作用。

梅耶在加涅的学习信息加工模型基础上进行简化,提出一个极为简约的学习过程模型,如图5-2所示。

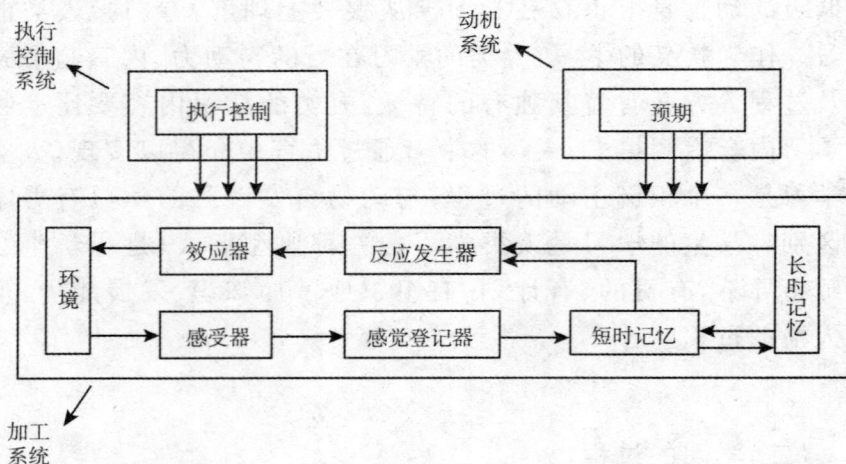

图 5-1　加涅的信息加工模式

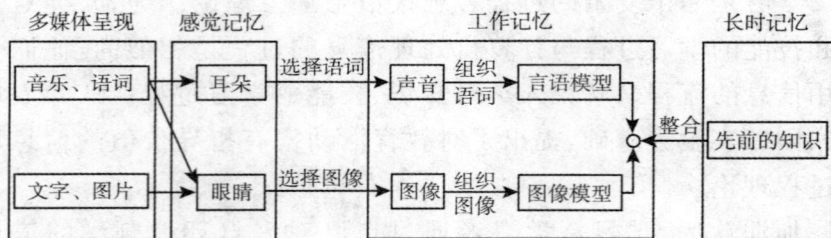

图 5-2　梅耶的学习过程模型

在学习过程中强调新旧知识的联系,是梅耶学习模型的最大特点。如果将梅耶的学习模型进一步简化,我们会发现它事实上是"S—O—R"简式。只是梅耶将认知过程"O"假设为注意、短时记忆、长时记忆的加工活动。

苏联心理学家列昂节夫依据活动理论,对活动的结构进行分析,认为一切活动的结构都是环状的,是由以下三个基本环节组成:第一,内导作用;第二,同对象环节实际接触的效应过程;第三,借助于返回联系修正和充实起初传入的映像。由此,列昂节夫提出了一种关于学习过程的结构。他认为,人的学习过程的结构,就其一般意义上说,也是一种环状结构。它由以下三个基本环节组成:第一,定向环节(即"感受环节"或"输入系统");第二,行动环节(即"运动环节"或"输出系统");第三,反馈环节(即"返回系统"或"回归式内导系统")。

　　美国加州大学的教育心理学家维特罗克及其同事,吸收了当代信息加工心理学的研究成果,结合中小学数学、科学和阅读等学科教学,对学生的学习过程进行大量的研究,提出了学生学习的生成过程模式。该模式下的学习过程经历如下流程:第一,长时记忆中的影响个体知觉和注意的各种信息以及以特殊方式加工信息的反应倾向被激活如工作记忆;第二,已激活的知识和反应倾向实际上构成了学习者的学习动机;第三,选择性知觉的新信息进入工作记忆;第四,新信息与原有相关知识发生联系;第五,新的意义的主动建构;第六,成功的建构导致意义的理解,新习得的意义经过归类,纳入长时记忆的适当部分。

　　我国学者乔炳臣、潘莉娟从"知行统一"的哲学思想、从古代学者的治学论著中,将各方论述的优点和共性问题,进行了分析、总结与提高,用网络技术归纳成一个结构模式(图 5-3)。构成这个学习过程结构模式的主线有两条:一条是围绕智力因素展开的,包括学、思、习、行在内的生理条件对"知行统一"过程发生的作用;另一条是围绕非智力因素展开的,包括情、意为主的心理条件对"知行统一"过程发生的影响作用。

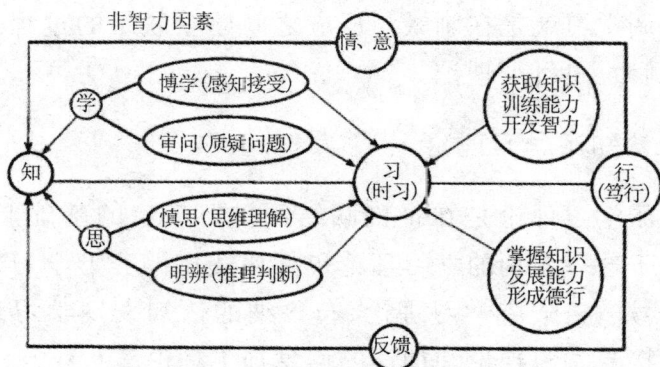

图 5-3　学习过程结构模式图

(三)学习的条件

　　根据上述对学习过程的理论假设,可以归纳出如下学习的条件。

（1）教学必须帮助学习者选择相关的信息。教师在教学过程中应该突出最重要的信息，如运用标题、空白等方式，也可适时地插入提问，进行课堂小结。

（2）组织信息。可以通过比较、分类、举例等文本结构，也可以通过提纲、标题、连接词、图形表征等组织信息。

（3）整合信息。为促进整合，可预先提供起组织作用的材料，如配有说明的插图、动画、样例以及提问等。

二、学习心理的相关理论流派

学习心理的相关理论流派有联结派学习理论、认知派学习理论、建构主义学习理论、人本主义学习理论。

（一）联结派学习理论

联结派学习理论主要包括桑代克的尝试—错误联结学习理论、巴甫洛夫与华生的经典条件反射学习理论、斯金纳的操作性条件反射学习理论和班杜拉的社会学习理论等。这一派别的心理学家强调学习就是在刺激与反应之间建立联结的过程，因此常被称为"刺激—反应"理论。

（二）认知派学习理论

认知派学习理论是在批判联结派学习理论的基础上发展起来的。属于这一派别的学习理论包括格式塔的完形学习理论、托尔曼的符号—格式塔学习理论、布鲁纳的认知发现学习理论、奥苏贝尔的接受学习理论和加涅的信息加工理论。

（三）建构主义学习理论

建构主义学习理论的思想渊源可以追溯至瑞士心理学家皮亚杰。皮亚杰认为儿童是在与周围环境相互作用的过程中，通过同化和顺应两种基本过程逐步建构起关于外部世界的知识，从而使自身认知结构得到发展。

建构主义流派认为,学习是新旧经验的相互作用,知识是由于新旧经验的冲突而引发的观念转变和结构重组的结果。在他们看来,学习是一种建构,学习过程是个体将知识建构到自己的认知结构中的过程。建构主义流派认为,学生是学习活动中一个主动的个体,它强调以学生为中心的教学,并提出教学过程中应体现学生为学习主体,如要求学生在复杂的真实情境中完成任务,让学生学会管理自己的学习,让学生认识到自主学习的重要性。

建构主义对教师的角色定位:学生学习的有效辅导者和重要学术顾问。教师工作的中心内容是通过种种指导和组织工作促进学生主体性的发挥。

建构主义注重以学生为中心进行教学。建构主义要求在教学活动中尊重学生的主体地位,发挥学生的自觉性、主动性和创造性,不断提高学生的主体意识和创造力,最终使学生成为能自我教育的社会主体。建构主义强调合作学习,重视学生的经验背景,注重在实际情境中进行教学。

(四)人本主义学习理论

人本主义主张心理学要研究对个人和社会进步富有意义的问题。学习作为人类生存和发展的重大问题,自然也是人本主义关心的重要课题。

人本主义最基本的理论假设是对人性的看法。人本主义的人性观包括三个要点:第一,人性的显著特点是持续不断地增长;第二,人性天生善良;第三,人能够进行自主的自我选择。以人性观为理论出发点,人本主义对学习的实质、类型、教育教学的目标和原则、师生关系等问题作了以下独具特色的阐述。

1.学习的实质

人本主义心理学家提出,学习是个人经验的形成与获得,其基本动力是学生的自发性和主动性。学习应该是一种自发而且有选择的学习过程。

2.学习的类型

人本主义心理学家将学习分为无意义学习和意义学习。无意义学习指学习的材料仅仅涉及经验积累和知识增长，是与个体的情感和理智无关的那些没有个人意义的材料。意义学习指一种使个体的行为、态度、个性以及未来选择行动方针时发生重大变化的学习，这是一种与个体经验融合在一起的有意义的学习。教师应该想方设法地促进学生的意义学习。

3.教育教学的目标和原则

在马斯洛和罗杰斯看来，教育的根本目的在于促进人的自我实现，教育只是丰满人性的一种形式。相应地，学习过程不仅是学生获得某一知识的简单过程，而且是学生获得相应学习方法、促进其健全人格形成的过程。

人本主义心理学家认为，学生具有巨大的自我实现的学习动机，只有充分重视学生的主体地位和内部因素，才能自由充分地发展每个儿童的潜力，助其实现完满人性。

4.师生关系观

人本主义心理学家认为，师生之间良好关系的构筑是引导学生实现自己潜能、达到最好教育教学效果的重要前提。为了构建良好的师生关系，教师应充分信任学生能够发展自己的潜能，真诚、接受、理解地对待学生。

以上述有关理论为出发点和依据，人本主义心理学家对课堂教学模式提出了他们自己的设想，下面列举出最具代表性的三种。第一，以题目为中心的课堂讨论模式。该模式的主要做法有点类似于头脑风暴法，即先由教师提供一个讨论的课题，该课题与群体中正发生的问题有着一定的关联。然后教师设法引导学生投入讨论之中,实现师生之间、学生之间的真正互动和促进。第二,自由学习的教学模式。自由学习的教学模式给了学生更多的自由,是罗杰斯"以学生为中心"思想的极致表现。由于这种教学模式需要学生有更强的学习能力和自主性,罗杰斯认为比较适合用于大学教学。第三,开放课堂的教学模式。开放课堂的典型特点是无拘无束、不拘泥于形式。在这种教学模式中,学生从事的活动属于自发性质,没有任何强迫的色彩。教师的首要任务是在适当的时间促进学生与学习的真正材料发生接触。为此,教师必须对学生进行精确观察,建立每个学生的档案,推荐有利于学生的活动,准备好如何给他们的自主活动予以及时支持和鼓励。

第二节　中小学生学习与认知发展的特点

认知发展是指主体获得知识和解决问题的能力随时间推移而发生变化的过程和现象。学习和认知发展有着十分密切的关系,一方面,主体的认知发展水平制约着学习的内容、方法等;另一方面,学习又能在一定程度上促进主体的认知发展。学习动力系统和学习能力系统是影响学习的两大系统。前者包括动机、需要、情绪、情感,后者包括感觉、知觉、记忆、思维等,各个年龄段有不同的发展水平。开展中小学生学习辅导,了解其各个年龄段的学习与认知发展的基本特征是十分必要的。

一、小学生学习与认知发展的特点

小学生还不善于把学习与社会需求联系起来,其学习动机往往直接与学习活动相联系,年级越低,学习动机越具体。具体而言,小学生的学习与认知发展特点主要有以下几个方面。

（一）小学生记忆的发展特点

小学生记忆的容量随着年龄的增长而增加，数字记忆的广度接近成人水平（7±2个信息单位）。除了记忆容量，小学生记忆发展还有以下特点。

（1）从小学生记忆的目的性来看，有意识记和有意重现逐渐占主导地位。

（2）从识记的内容来看，词的逻辑识记在迅速发展。

（3）从记忆方法看，意义的、理解的识记逐渐占主导地位。

（二）小学生注意力的发展特点

小学生注意力的特点是无意注意占优势，注意力不稳定、不持久，容易为一些新奇刺激所吸引。低年级学生集中注意力的时间大约为20分钟，三、四、五年级的学生可以连续保持注意力30～40分钟。

小学生注意力的范围较为狭窄，常出现顾此失彼的现象。例如，边听课边记笔记，同时注意演算速度和准确度对于他们来说都是比较困难的。

小学生注意力集中性很差，时常会因为各种原因而转移。稍有干扰就会转移到其他方面去，再次回到学习上却不容易。所以小学的课堂强调趣味性，即强调学习的乐趣。小学生的注意力不稳定、不持久，且常与兴趣密切相关。生动、具体、新颖的事物，较易引起他们的兴趣和注意，而对于比较抽象的概念、定理，他们则不感兴趣，因而不易长时间地集中注意力。

（三）小学生想象力的发展特点

小学生想象发展的总趋势是，由无意想象发展到有意想象，由再造想象发展到创造想象，由远离现实的想象发展到更富于现实性的想象。首先，小学生想象的有意性逐渐加强。其次，小学生想象的创造性成分逐渐增大。低年级小学生的想象鲜明、生动、富于模仿性和再现性。以后在各科教学和各种课外活动影响下,中年级小学生形成更充实、更生动、更富于创造性成分的再造想象,而且以独创性为特色的创造想象也日益发展起来。高年级小学生能对他们已获得的表象作出真正的创造性的改造,使之产生自己直接经验中从没有过的新的结合,创造想象显著发展起来。

(四)小学生思维的发展特点

在整个小学时期,小学生的思维是逐步向抽象逻辑思维过渡的,但仍然带有很大的具体性。低年级小学生掌握的概念大都是具体的、可以直接感知的,他们难以指出概念中本质的东西。只有到了中高年级之后,小学生才逐步学会分析本质和非本质的东西,才能够进行抽象的逻辑思维。

7～8岁小学生的概括能力处于"直观形象水平",即所概括的事物特征或属性是事物外表的直观形象特征。

8～10岁小学生的概括能力处于"形象抽象水平",即所概括的事物特征或属性既有外部的直观形象特征,又有内部的本质特征。

10岁以上小学生的概括能力处于"初步本质抽象水平",即所概括的事物特征或属性是以事物的本质特征和内在联系为主,初步接近科学概括。演绎、归纳、类比推理能力也随年级的增高而发展。不过,由于知识经验的局限,小学生对那些与他们的生活领域距离太远的科学规律进行抽象概括是很困难的,有待于进一步发展、提高。

二、初中生学习与认知发展的特点

初中是小学向高中教育阶段过渡的时期,在这个阶段学生的身心发展也处在由少年期向青年期过渡时期。身心发展不平衡、成人感和半成熟现状之间的错综矛盾所带来的心理和行为的特殊变化，自然影响到学习活动。具体而言，初中生的学习与认知发展特点主要有以下几方面。

(一)初中生记忆的发展特点

初中生的记忆容量不仅明显高于高年级小学生，也高于大学生，达到 11.04 ± 0.4 个信息单位，超过成人的短时记忆容量。除记忆量的增长，初中生记忆的发展还表现为以下几点。第一，记忆的有意性进一步加强。初一年级学生的无意识记还表现得很明显，他们对自己感兴趣的、新颖的、直观的材料记得较好，而对一些比较抽象的材料，如系统的理论、公式、定理、法则等记忆较差。而在不断学习的过程中，学生逐步学会使自己的记忆服从于识记的任务和教材的性质，有意识记忆日益占优势。第二，自觉地运用意义记忆，同时有效地运用机械记忆。年级越高，意义记忆的成分越多，而机械记忆的成分相对减少。第三，抽象记忆能力有了进一步发展。从识记的内容看，形象记忆量随年龄而增加，在初中阶段为最高。初中生在具体形象记忆的基础上，抽象记忆逐步形成和发展起来。他们开始能够用抽象公式、定理来理解具体事物，但这只是初步的，仍需要具体直观材料的支持。第四，有效地运用各种记忆策略。初中生能熟练地运用各种记忆策略，并有效地提高记忆成绩。值得注意的是，低年级初中生在记忆有关内容时，习惯于多次重复背熟材料，而不是理解记忆，这为适应初中学习带来很大的困难，他们普遍感到要记的东西太多，记不住，并且容易记混。

(二)初中生注意力的发展特点

初中生注意力的发展主要表现为个体在注意的目的性、注意的广度、注意的稳定性、注意的分配、注意的转移等方面的发展。

(1)注意的目的性。初中生注意的目的性不断提高，其具体表现是有意注意日益在学习活动中发挥重要作用，能按教学要求使注意指向集中在学习内容上。但是，他们对客体的直接兴趣以及客观对象的鲜明特点,仍易形成干扰。

(2)注意的稳定性。初中生注意的稳定性不断增强,能较长时间(40分钟)稳定地集中注意于某项活动和某个内容上。但是,初中生的情绪仍有冲动的特点,有时也难控制自己的注意。

(3)注意的广度。比起小学生,初中生的注意广度扩大。据研究,小学生在0.1秒内只能看到2~3个客体,初中生可以看到4~5个客体。也就是说,初中生阅读适合自己程度的读物时,可以达到很快的速度;在观察直观教具时,既能知觉教具的整体,又能抓住主要特征。

(4)注意的分配能力。初中生注意的分配能力也在不断发展,可以同时兼顾两件事情。但是,低年级初中生在注意分配时也会出现顾此失彼现象,注意抄写却容易忽略听讲。初三学生注意分配能力才逐渐向较高水平发展。

(5)注意的转移能力。绝大多数学生具有一定的注意分配能力,但注意分配能力发展相对较为缓慢。初中生的注意转移能力存在着个别差异,有一些学生的注意转移能力较差,有可能会造成学习落后。

(三)初中生想象力的发展特点

(1)想象的有意性迅速增长。初中阶段,随着学习内容的复杂化和学习要求的提高,需要初中生按照学习目的、进度以及学习材料的不同性质进行有意想象。例如,在命题作文中,初中生要逐步学会有意识地确定写作的主题、范围、内容、层次、结构,并有意识地选择人物形象、具体场景、布景构图等,而这些都促使初中生有意想象能力的迅速发展。

(2)想象中的创造性成分逐渐增多。在初中期,个体想象逐步向复杂化和创造性的方向过渡,在想象中对表象的创造性改组逐步增多。在学习中,初中生已不满足于简单地再现知识,而试图发挥自己的才能和想象潜力,对学习内容进行改组、改造。

(3)幻想的抽象性、现实性在不断发展。富于幻想是初中生比较突出的特征之一。在许多情况下，幻想能在一定程度上影响个体的生活道路和他们所能达到的成就。从幻想的内容看，小学生所向往的目标往往是其所直接倾慕的具体人物和感兴趣的具体事物。进入初中期，随着年龄的增长，他们的幻想逐步由具体、虚构，向抽象、现实的方向发展，摆脱了具体的人和事，也摆脱了天真、怪诞。

初中生幻想的抽象性与现实性不断发展，对他们的学习生活产生了巨大的激励作用。富于幻想的初中生，学习目的往往都很明确，学习的积极性高，学习的效果也好。因此，引导初中生进行积极的幻想，无论对于创造性活动还是个人的健康发展，都具有积极的意义。

(四)初中生思维的发展特点

初中生的思维发展水平达到了皮亚杰提出的"形式运算阶段"，学生能够脱离具体的事物或情景用符号进行抽象思维。具体表现为以下几点。

(1)抽象思维占优势，由经验型向理论型转化。初中生抽象逻辑思维开始占优势，但仍需感性经验的支持，还包括具体形象性成分，在很大程度上属于经验型的抽象逻辑思维。

(2)具有建立假设和检验假设的能力。在提问方面，与小学生相比，初中生的提问趋于探究性，偏重于"为什么"。在求解方面，初中生能运用假设，按照提出问题、明确问题、提出假设、检验假设的模式，达到解决问题的目的。思维具有预计性，在解决问题之前，能事先形成计划、方案。

(3)思维形式与内容分离。思维形式与内容分离是指根据命题的逻辑形式在头脑中直接进行推理，使形式从内容中解放出来。初一学生已经开始掌握辩证逻辑的各种形式，但水平较低；初三学生的辩证逻辑思维处于迅速发展的转折期。初中生思维品质具有矛盾发展的特点：思维的创造性与批判性日益明显，思维的片面性、表面性依然存在，思维中的自我中心再度出现（独特的自我、假想的观众)。

(4)对问题情境的思维有了质的飞跃。在提问方面,与小学生相比,初中生的提问趋于探究性,偏重于"为什么",更富有思辨性、哲理性、开拓性,问题更深刻,范围更广。在求解方面,初中生能运用假设,按照提出问题、明确问题、提出假设、检验假设的模式,达到解决问题的目的。思维具有预计性,在解决问题之前,能事先形成计划、方案。

(5)出现了反省思维。初中生能对自己的思维活动进行自我监控,以改进思维策略,这就是思维中的元认知现象。也就是说,初中生能做到对思维的思维,也称为反省思维。

三、高中生学习与认知发展的特点

高中生伴随着生理、心理趋于稳定和成熟,其认知发展也达到了较高的水平。高中生的智力不仅表现在记忆力、注意力、想象力的发展与完善上,而且其思维也表现出全新的特点。

(一)高中生记忆的发展特点

高中生正处于记忆的"全盛"时期:第一,记忆力显著增强。在相同时间内,对同一学习材料的识记数量随学生年龄的增长而不断增加。国内有关研究表明,在相同时间内,高中一、二年级学生记住的学习材料的数量,比小学一、二年级学生多四倍,比初中生多一倍多。第二,短时记忆发展达到稳定。相关研究表明,对无意义汉字进行识记时,大学生、高中生和小学生,都是以4字组块的记忆成绩最好。对阿拉伯数字材料进行识记时,大学生以6字组块成绩最好,小学生以4字组块成绩最好,高中生则以4~6字之间的组块为最好。第三,抽象记忆占主要优势。高中生的学习任务要求他们比之前掌握更多的、大量的科学概念与原理,从而促使了他们的抽象记忆能力迅速发展并超过形象记忆在高中阶段居于优势地位。第四,理解记忆能力在整个高中阶段不断发展并占主导地位,这使得高中生的记忆效率大大提高,能够更好地处理繁重的学习任务。值得注意的是,高中生的视觉记忆和听觉记忆发展速度放慢。

(二)高中生注意力的发展特点

高中生注意力的发展一般已达到成人的水平,注意的集中性和稳定性有了很好的发展,注意的范围已相当大,在复杂的活动中能很好地分配和转移自己的注意,对于一些重要而不感兴趣的材料,也能有意地集中自己的注意。当然,高中生注意水平的提高不是自发获得的,而是在良好的学习条件下逐步达到的。高中生不仅能像初中生那样注意抽象的概念,而且对于各种抽象理论或原理法则,虽然没有直观材料加以支持,也能保持注意。

(三)高中生想象力的发展特点

高中生有意想象迅速发展,表现为能自主地确立想象的目的和任务,并能围绕目的去展开想象。例如,高中生创造性作文,能进行完整的构思,突出主题,成文速度快。高中生能根据生活的需要,进行具有社会意义的小制作、小发明。他们的生活理想、职业理想、道德理想、社会理想进一步发展,并能有计划地安排自己的学习、生活和工作,去实践自己的理想。

高中生创造性想象日益占优势,成功地进行发明创造的人数明显增多,不少人在文艺创造方面显露才华,有些人则开始有了远大的理想。

此外,高中生想象的现实性增强。高中生的想象很丰富,并且随着抽象逻辑思维的深刻性、批判性和辨证性的发展,想象逐步摆脱具体性、虚构性,日益变得抽象、概括、现实。但是,不切实际的想象还时有发生。

(四)高中生思维的发展特点

高中生所面临的更加复杂深刻的学习内容和丰富多彩的生

活环境对高中生的思维发展提出了新的需要,高中生的思维发展出现了新的特点,主要表现为抽象逻辑思维明显占据优势,并向着理论性抽象逻辑思维进一步发展,辩证逻辑思维基本形成。

此外,从整体来看,高中阶段学生思维的灵活性进一步增强。高中生能够根据问题的性质和特点,灵活地采用解决问题的方法,并能将已有的原理、规则灵活应用,在解决问题的过程中表现出一定的创造性。但进入高中阶段后,个体思维的可塑性已大大减小,与成年期个体的思维水平基本保持一致,甚至在某些方面的思维能力还高于成人。

高中生思维的流畅性和变通性有很大的发展。他们能从不同的方面,运用多种方法思考问题,迁移能力增强,能够举一反三,产生新的想法。但高中生的学习任务主要是学习前人的创造成果,为今后的创造打下坚实的基础,因此,大多数高中生的思维在独创性方面表现得并不明显。

第三节 中小学生学习动机的培养与激发

学习动机的培养,是使学生把社会和教育向他提出的客观要求逐渐变为自己内在的学习需要的过程,也就是指学生从没有学习需要或很少有学习需要,到产生学习需要的过程。学习动机的激发是利用一定的诱因,使已经形成的学习需要由潜在状态转入活动状态,使学生产生强烈的学习愿望或意向,成为实际学习活动的动力。学习动机的培养是一个从无到有的过程,而学习动机的激发是一个从静到动的过程。关于中小学生学习动机的培养与激发,可以从以下几点入手。

一、中小学生学习动机的培养

动机产生于需要,学习动机实际上就是学生对学习的一种需要,这是人所特有的一种需要。学习动机的培养须从学习需要的培养入手。然而,学生的学习需要不是自发产生的,而是在长期的学习活动中,在教师有意识地引导和培养下形成和发展起来的。从理论上讲,培养学习动机可以从以下两点入手。

(一)利用学习动机与学习效果的互动关系培养学习需要

学习动机可以影响学习效果,学习效果也可以反作用于学习动机。要想使学习动机与学习效果的恶性循环转变成良性循环,首先,须改变学生的成败体验,使他获得学习上的成就感;其次,改善学生的知识技能掌握情况,弥补其基础知识和基本技能方面的欠缺。在实际教学中,为保持学生在学习上的成功感,教师评分时应注意学生的成败感与他们的自我标准有关;课题难度要适当;在某一课题失败时,可先完成有关基础课题,使学生下次在原来失败的课题上获得成功感。

(二)利用直接发生途径和间接转化途径培养学习需要

新的学习需要可以通过两条途径来形成:第一,直接发生途径,即因原有学习需要不断得到满足而直接产生新的更稳定更分化的学习需要。第二,间接转化途径,即新的学习需要由原来满足某种需要的手段或工具转化而来。利用间接转化途径,主要应通过各种活动,提供各种机会,满足学生其他方面的兴趣和爱好。

二、中小学生学习动机的激发

学习动机的激发就是使潜在的学习动机转化为学习行为,利用一定的诱因使已形成的学习需要充分调动起来。学校教育中激发学生的学习动机应注意以下六个方面。

(一)创设问题情境,实施启发式教学

所谓问题情境,指的是具有一定难度,需要学生努力克服,而又是力所能及的学习情境。在学习过程中,对难度过小或难度过高的东西学生都不会感兴趣,只有在学习那些半生不熟、似懂非懂、似会非会的东西时,学生才会感兴趣而迫切希望掌握它。为了使学习生动有趣,教师应开展多样化的教学活动。例如,让学生讨论有趣的议题、说故事、看影片、玩游戏、欣赏或制作绘本、实物操作、实验、参观、设计与制作、应用计算机教学等,目的就是为了吸引学生的注意力。有些重要的教学活动,教师应在分析学生的能力和需要的基础上,利用校外的资源,设计校外参观活动,并使其符合教学目标的要求。

(二)根据作业难度,恰当控制动机水平

一般情况下,动机水平增加,学习效果也会提高。但是,动机水平也并不是越高越好,动机水平超过一定限度,学习效果反而会变差。教学时,教师要根据学习任务的不同难度,恰当控制学生学习动机的激起程度。在学习较容易、较简单的课题时,应尽量使学生集中注意力,使学生尽量紧张一点;而在学习较复杂、较困难的课题时,则应尽量创造轻松自由的课堂气氛,以免学生过度紧张和焦虑。

(三)充分利用反馈信息,给予恰当的评定

在教学中,教师及时让学生了解自己的学习结果,能明显地激发他们的学习动机。研究表明,学生了解学习结果比不了解学习结果的学习积极性要高,进步较快。因为知道结果,能看到自己的进步,体验到成功的喜悦,激起进一步学习的愿望;同时,通过反馈又能看到自己的缺点,激发上进心。学习结果的反馈在激发学生的学习动机中具有诱因作用,教师要善于运用反馈信息的作用,促进学生的学习。在教学中,教师运用反馈时,不仅要尽早地让学生知道学习结果,而且要使学生了解自己是否达到了目标、离目标还有多远、在多大程度上偏离了目标,使学生知道什么是正确反应,让其看到自己的进步以增强自信心。

（四）妥善进行奖惩，维护内部学习动机

正确评价、适当奖惩是激发学生学习动机的重要手段之一。表扬与批评可以激发学生上进心、自尊心和集体荣誉感。表扬与奖励比批评与指责能更有效地激发学生的学习动机，因为前者能使学生获得成就感，增强自信心，而后者恰恰起到相反的作用。但是，表扬、奖励被过多使用或使用不当，也会产生消极作用。对学生进行表扬与批评时应注意以下三点：第一，要多表扬、少批评。注意从积极的方面把鼓励和批评两者结合起来运用。第二，对不同成绩的学生区别对待。对于学习较差而且自卑心又很重的学生，可以通过表扬帮助他树立学习自信心。对优秀生适度指责可以更好地激起他们积极的学习动机，过分夸奖会使他们产生骄傲和忽视自己缺点的倾向。第三，要考虑学生受表扬与批评的历史状况。例如，对经常受表扬的学生，要适当地指出其缺点，让其知道自己的不足；而对于缺点较多的学生，当他们有了一些进步，虽然还微不足道，也要及时肯定。此外，在运用表扬与批评时，应注意学生的年龄特征和个别差异。教师应根据学生的个体差异给予学生合适的评语，合适的评语不仅能激发学生的学习动机，而且还能提高学生的自我实现目标，使学生在成败时合理归因并使师生心理健康处于良性循环状态。

（五）合理设置课堂环境，正确处理竞争和合作

根据学生之间的互动情况，一个班级中由奖赏机制决定的占主导地位的学习目标取向，可分为竞争性目标、合作性目标。在竞争性目标结构中，学生认识到他们的奖赏取决于与他人的比较，只有他人失败时自己才能取得成功。在这样的课堂中，学生的目标是尽可能做得比他人好。在合作的目标结构中，学生认识到他们必须与他人合作才能获得奖赏。在这样的课堂中，一个学生想要成功，必须鼓励和促使其他学生的成功。一般而言，竞争、合作都是开展班级群体学习的手段，它们适用于不同的学习情

境,并没有绝对的优劣之分。

竞争可以活跃课堂气氛,避免学生按部就班地学习所产生的单调感,增加了他们学习的乐趣;能激发个人的成就动机,提高个人的成就标准和抱负,发掘学生的学习潜能,提高学习效率;能使学生在与他人比较中,较好地发现自己的优势和不足,更好地评判自己的能力。在学生的学习中,竞赛是激励学生学习积极性的一种有效手段。但是,也有研究表明,过度强调竞争的激励作用会造成以下的消极影响:第一,过多的竞赛会使个体产生过高的焦虑和紧张,有损学生的身心健康。因为竞赛只能使少数学生取胜,大多数人失败。对于成绩中等和低等的学生来说,成功几乎是不可能的,容易产生自卑感。第二,不利于团结协作的集体主义精神的建立。有时在某些情况下,由于争名夺利,也会使学生产生不友善的、自私的心理,对不合作是一种无形的鼓励。

因此,竞赛后要注意对学生进行思想教育,以强化其正确的学习动机,纠正错误的学习动机。具体来说,为了保证竞赛的适度性,应注意以下四点:第一,竞赛内容应多样化;第二,竞赛活动要适度适量;第三,增加获胜的机会;第四,倡导团体竞赛。

合作对学生学习的积极作用在于其能促进集体的学习成功,增强集体凝聚力,建立起一种友爱、协作的人际关系;有利于学习中的集思广益、优势互补,进而提高学生的学业成绩;有利于学生习得团体规范,发展形成社会交往技能;有助于个体学生减少失败体验,改善他们的自尊和学习的自我效能感,增强学习积极性。但是合作也有不足之处:为了帮助学得慢的学生,学得快的学生可能在一定程度上放慢学习进度,从而影响自身的发展;能力强的学生或活泼好动的学生有可能支配能力差或沉默寡言的学生,由此造成沉默寡言的学生更加退缩;教师相对难以把握学生的个体差异,因为在合作学习中,能力较中等和较差的学生的学习状况很容易被集体的学习成功所掩盖。

学生之间的合作与竞争是对立统一的。教师不能片面强调合作,也不能片面强调竞争。有效的课堂管理应该协调合作与竞争的关系,使两者相辅相成,成为促进课堂管理功能和调动学生积极性的有益手段。

(六)进行归因训练,增强对成功的期望

归因是指对他人或自己的行为进行分析,指出其性质,推论其原因的过程。这是日常生活和实践中最常见的心理现象。例如,"这次考试为什么没及格?""这个老师今天为什么没有讲好?"这就是归因。

成败归因理论的研究表明,学生对学习结果的归因,不仅解释了以往学习结果产生的原因,更重要的是对以后的学习行为会产生影响。不同的归因方式对学生今后的行为所产生的影响不同。学生若把失败结果归因于能力、任务难度等稳定性因素时,会对未来的成功失去信心,降低期望;如果把失败归因于努力等不稳定因素时,会使其相信改变未来的失败是可能的,对成功的期望也会增强。在各种因素中,能力和努力是两个最为主要的因素。当倾向于能力归因时,个体成功时,就会认为自己能力强而信心十足,甚至是得意扬扬;当学习失败时,就认为自己天资太差,脑子笨,因而失去信心,甚至是自暴自弃。当把成败归因为努力程度时,成功了的个体会认为是由于努力的结果,就会鼓励自己继续努力,并预期今后再次获胜;个体失败时,会认为是由于不努力造成的,因此认为自己只要努力,一定可以获得下次的成功。可见,合理的归因可以提高自信与坚持性,错误的归因会增加自卑与自弃。

正是因为归因不同,学生学习积极性就不同,所以,教师在教学中一定要注意引导学生对学习结果进行合理归因,让学生树立这样一种信念:只有努力才有可能成功,不努力注定要失败。

在教学中对学生进行归因训练,是指导学生对学习结果进行合理归因的重要措施。归因训练就是通过中介干预,帮助学生消除消极的归因模式,建立有利于提高动机水平的积极的归因模式,经常保持积极的情感体验和较高的成功期望。表 5-1 简要列出了不同的归因模式对学习的不同影响。

表 5-1　归因模式对学习的影响

积极的归因模式	成功→能力高→积极情绪(自豪、自尊)→增强对成功的期望→动机水平提高→自我效能感提高 失败→缺乏努力→动机性情绪(内疚)→保持较高的成功期望→动机水平提高→维持较高的自我效能感
消极的归因模式	成功→运气→一般情绪(不在乎)→很少增强对成功的期望→动机水平不高→自我效能感低 失败→缺乏能力→消极情绪(羞愧、无能感、沮丧)→降低对成功的期望→动机水平降低→自我效能感降低

消极的归因模式显然不利于学生后继的学习行为,然而在实际教学中却普遍存在。在教学中,教师通过归因训练,解决学生的认识问题,改变学生的归因方式,从而调动学生的积极性。

第四节　中小学生智力与创造力的培养

智力具有多种属性,可从不同的角度予以界定,但其在本质上仍然是一种认知能力,包括抽象推理能力、学习能力、适应能力等。创造力是根据一定的目的和任务,产生出某种新颖、独特、具有社会或个人价值的产品的能力,创造性思维是其核心和基础。智力和创造力关系十分密切。创造力素质发展离不开智力素质的发展,智力素质在发展过程中常影响或伴有创造力素质的发展。同时,智力和创造力素质都是有发展潜力的。中小学生智力、创造力素质的发展,关键在于教育、培养,即积极、科学地提供促进它们发展的有效条件。

一、中小学生智力培养的主要模式

智力的培养主要有两种模式，一种是将智力培养融入日常的教学活动之中，称为智力开发的教学模式；另一种是在较短的时间内，采用一定的程序，对智力进行集中训练，称为智力开发的训练模式。

智力开发的教学模式是在学校的各科教学中，结合知识的传授，达到发展学生智力的目的。例如，布鲁纳的"发现教学"和奥苏贝尔的"有意义接受学习"都是有影响力的发展学生智力的教学模式。目前多元智能的教学模式也受到广泛关注。

智力开发的训练模式是对智力的某些方面或智力的整体进行系统的有条理的训练，从而使个体的智力水平在较短时间内得以提高。智力训练方案形式多样，主要包括以下四大方面。第一，对智力整体进行的训练。这些训练多以研究者对智力的认识为基础，以智力的整体为训练对象而设计。第二，对思维能力进行的训练。第三，对学习策略进行的训练。第四，对元认知进行的训练。

下面主要阐述三种影响力较大的智力训练方案：福尔斯坦的工具强化训练方案、斯腾伯格的应用智力培养方案、利普曼的儿童哲学课程。

（一）福尔斯坦的工具强化训练方案

工具强化训练是由以色列心理学家福尔斯坦于 1980 年提出的，后来由他和美国心理学家兰德、霍夫兰、米勒和詹森等加以推广。此项目主要用于矫正中小学生的认知功能缺陷，培养他们的思维能力，旨在把成就低下者从消极和依赖的认知类型者改变为自发和独立的认知类型者。工具强化训练包括三大部分 15 个项目：

（1）第一部分是非言语的个别实施工具，包括圆点组织、知觉分析、图解。

圆点组织：根据所给图形，从一组圆点中选出合适的点连接成图形，如图 5-4 所示。

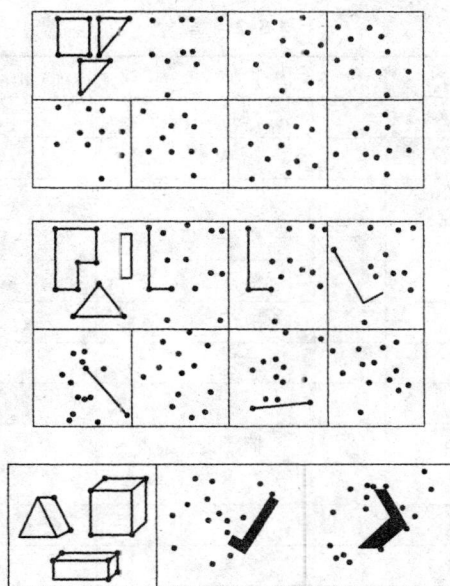

图 5-4　组织圆点练习

知觉分析:选择简单或局部图形,组合成给定的复杂图形。

图解:拿出一组随机排列的图片,让学生观察,经过思维加工后,正确排列并理解深层含义。

(2)第二部分是由教师读题,师生间有语言交流的工具,包括空间定向、比较、家庭关系、数列、演绎推理。

空间定向:让学生学会正确把握空间方位之间的关系,包括三个工具。如图 5-5,表 5-2 所示,根据空间定向图及男孩的位置填空。

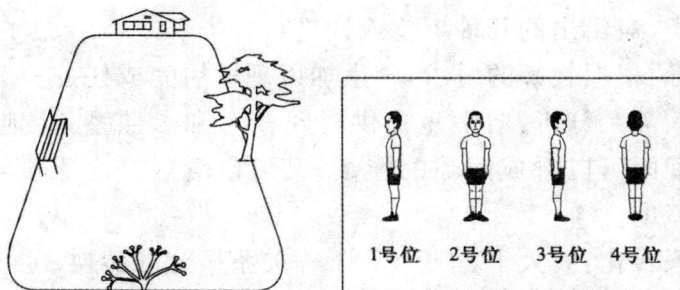

图 5-5　空间定向图及男孩的位置

表 5-2　填空

位置	物体	相对于男孩的位置
1	树	
4		右
2		后
	房子	前
3	椅子	
2	房子	
	树	左
4		后
	椅子	
		左
3		后
4	树	
		右

比较：对物体色、形、大小、方向等方面的比较。

家庭关系：将家庭的纵、横和层次关系告诉个体，按家族中的地位和角色进行分类或再分类。

数列：根据列出的一排数字找出规律，延续数字串。

演绎推理：以高度严密的形式逻辑推理为基础，以抽象的符号代替语词。

（3）第三部分是由学生自己读题理解完成的工具，包括归类、指导、时间关系分析、关系转化、表征图案设计。

归类：对给出的几种事物或词进行分类。

指导：根据教师的要求，学生加以理解后完成任务。

时间关系分析：向学生提供时间概念和参照系，让他们逐步理解时间既可以看成间隙的连续，又可以看成一个维度，是不可逆转的流逝。

关系转化：对大于、小于、等于等关系概念的转换。

表征图案设计：让学生运用颜色、形状、大小不同的图案在心理上重新构成一个图案。

（二）斯腾伯格的应用智力培养方案

斯腾伯格的应用智力培养方案以其智力三元论为基础,重点训练成分智力,同时也训练经验智力和情境智力。培养方案包括学生教材和教师手册两套材料,前者主要是一些叙述性的材料和练习,后者主要是教材使用的方法指导,帮助教师更好地发挥方案的效用。

培养方案的前几个单元主要介绍一些智力理论和其他一些智力培养方案,使教师和学生全面掌握信息,更好地理解方案的内容、做法及效用。在随后的单元中,该方案重点训练"成分智力",包括元成分、操作成分和知识获得成分。其中,元成分是方案最核心的训练内容。应用智力培养方案中的实例丰富,这些实例起到了引出理论、说明概念、提供练习等作用。教学形式主要是提出问题和集体讨论,每一单元的教学形式都是类似的。每一单元结束后,教师要布置和本单元内容相配套的练习,练习内容广泛,既有心理学中的经典问题,也有日常生活中的问题。

（三）利普曼的儿童哲学课程

利普曼这样定义"儿童哲学":"一种运用到教育中、目的在于培养具有高水平的、熟练的推理和判断能力的学生的哲学。"儿童哲学课程的目的是使儿童学会像哲学家那样思考,使儿童从日常思维转向反思性思维、从不假思索转向深思熟虑、从常规思维转向批判性思维。儿童哲学课程主要采用学生阅读哲学小说并集体讨论的形式进行。哲学小说讲述了一群孩子和成人通过日常活动发现推理规律和哲学观点的故事。根据利普曼的设计,哲学小说的唯一目的是要激起疑问和引起智力争论。

二、中小学生创造力的培养与训练

（一）创造力培养的环境与条件

托兰斯提出了创造力培养的九点建议:第一,为创造力提供大量机会。第二,重视独特的问题、想法和解决办法。第三,向学生证明他们的想法是有价值的。第四,营造一种非评价的、安全的气氛。第五,避免同伴的评头论足(评论性评价)。第六,提供感受环境刺激的经验。第七,避免提供限制思维的例子或模式。第八,偶尔根据能力分组。第九,允许实践和课程安排的灵活性。

(二)创造力培养的主要内容

1.培养好奇心,激发求知欲

好奇心和求知欲是激励人们探究奥秘的一种内部动力,它们是创造的萌芽,是创造动机的核心成分。因此,好奇心和求知欲的激发对培养创造力是十分必要的。为了培养中小学生的好奇心和求知欲,可以不断给他们创造变化的、能激起新异感的学习环境,组织或引导学生多接触大自然或体验社会生活,引导他们在观察或体验中发现各种问题;经常强化他们的问题意识并启发他们自己去寻找答案,对他们的想法适时地加以鼓励。在教学中,创设问题情境是激发学生求知欲和好奇心的有效方法。

2.训练创造性思维

创造性思维是指有创见的思维,是从事创造活动和取得创造成果的关键。在我们的教育中,对聚合思维、分析思维、语词思维培养较多,而对发散思维、直觉思维、形象思维相对忽视,因此,下面重点来分析一下后三个方面的训练。

训练发散思维:发散思维的训练应当有意识地从培养思维的独创性、灵活性和流畅性入手,给中小学生提供发展发散思维的机会,安排一些刺激中小学生发散思维的环境,逐渐养成多面向、多角度认识事物、解决问题的习惯。例如,可以通过"一题多解"和"一题多变"的练习,培养中小学生思维的灵活性和变通性;可以通过学生自编应用题,以培养发散思维的独特性和新颖性;可以通过班级集体讨论的方式寻找问题的多种答案。

训练直觉思维:直觉思维在创造中具有重要作用,其创造功能主要表现在对事物的直观判断、猜测和预感上,它是以丰富的知识经验为基础的。一个人的经验越丰富,他的直觉就会越准确。直觉思维训练方法,较具代表性的如暴风骤雨式联想训练法、笛卡儿连接法式训练法。

训练形象思维:形象思维是利用头脑中的具体形象来解决问题的思维过程,它在创造性思维中具有重要作用,许多创造过程是依靠形象思维来实现的。训练中小学生的形象思维,要引导他们学会观察,获得感性经验,不断发展他们的表象系统。表象是形象思维的基础,表象贫乏,形象思维也会枯竭。为了丰富中小学生的表象,可以让他们到大自然中去,多接触大自然中的各种事物,可以在教学中恰当使用各种直观教具。

3. 培养创造个性

创造力的发展不仅与智力因素有关,而且和个体的个性特征有密切关系。真正有作为的创造者,多半具备许多良好的个性心理品质。一般来说,培养独立、勤奋、自信、有恒、谦虚、细致、进取等性格,是有利于中小学生创造力发展的。

(三)实用创造技法及训练

创造技法是人们通过长期研究总结得出的创造活动的规律,经过提炼而成的程序化的创造技巧和科学方法。通过这些创造技法的训练与运用,可以大大提高中小学生创造的速度和效率,产生事半功倍的效果。目前,已经研究出的成熟的创造技法有 400 种以上,具有代表性的如缺点列举法、希望点列举法、特征点列举法、头脑风暴法、移植法、类比法、组合法和检查单法。

第五节　中小学生学习心理辅导活动的组织与实施

学习心理辅导是心理健康教育的重要内容。学习心理辅导活动课主要着眼于发展性目标,采取班级辅导活动的形式,关注大多数学生的学习问题与需求,促使学生爱学与会学。以下就中小学生学习心理辅导活动的组织与实施进行阐述。

一、中小学生学习心理辅导活动主题的确定

具体地说,中小学生学习心理辅导活动课程主题可从以下几方面来确定。

(一)以开发智力为目标,把智力的五个基本因素作为活动主题

学习是认知活动,也是智力活动。智力的五个基本因素——注意力、记忆力、观察力、想象力、思维力共同影响着中小学生的学习能力。根据不同年龄段中小学生的心理发展特征,通过活动课并结合学科教学进行培养和训练,能够有效地开发其智力,提高其学习能力和学习效率。

(二)以学会学习为目标,把学习策略作为辅导主题

学习策略是指在学习活动中为达到一定的学习目标而学会学习的规则、方法和技巧。学习策略的辅导内容包括三个方面。一是基本学习策略,是指对学习材料认知加工的策略,如复述策略、组织策略和精细加工策略。二是支持性学习策略,是指学习时间分配和学习活动中各种技巧和具体的学法。三是自我调控策略,是指学生在学习过程中,如何有意识地系统监控、调节自己的思维、情绪、动机与行为。具体包括自我效能感、动机归因、学习风格等内容。

（三）关注学生学习生活，以解决共性的学习问题为主题

每个学段的学生都有共性的学习问题，这些问题可以通过辅导活动，发挥团体动力作用得以解决。一类是隐性问题，教师通过问卷调查、质量分析、班教导会、教学反思，充分了解学生的情况，让问题浮出水面，如厌学问题、学习焦虑问题、信息加工能力问题，并以此确定辅导主题。另一类是显性问题。例如，初一、高一年级的学生都存在学校适应问题，小学生进入初中，教师的教学方式和班级管理方式发生了变化，科目突然增多，学习任务加重，往往使学生手忙脚乱，不堪重负，从时间管理入手，通过辅导活动能够使学生高效率地学习，从而解决适应问题。

（四）吸纳学习心理研究最新成果作为辅导主题

高校教师、心理学专家对中小学学习领域的研究有很细的分工，有很多新的发现与突破，有的可以直接用来调整教学策略。例如，学者宋广文、陈霞撰写的《工作记忆、试题难度对中学生几何应用题解决的影响》（《心理科学》2011年第5期），该项研究发现，将复杂的数学问题分解或简化为简单的问题，可以降低工作记忆负荷，成为解决问题的关键。数学教师可以将这项研究发现转化为教学实践。因此辅导教师应密切关注有关研究动态，把新的研究发现为我所用。

二、中小学生学习心理辅导活动计划安排

学习心理辅导活动课程是一项系统工程，大到系统考虑一个学段、一个年级、一个学期辅导活动课程内容安排，小到一次活动课程方案设计，都应系统规划，周密设计。

（一）活动目标设计

中小学生学习心理辅导活动目标的确定应体现在以下几点。

（1）与中小学生的学习密切相关,着眼于学习能力的提高、智力的发展、良好习性的养成。

（2）明确、具体。目标越具体,越容易在行动上实践。

（3）选题得到中小学生的认同。

(二)活动方案设计

活动方案设计突出"活动"和"体验"。并要注意以下两点。

（1）精心设计活动情境,促进中小学生体验。教师要选择利于实践的空间与形式,创设促进体验的细节与载体,组成活动板块或活动链条,强化实践与体验。

（2）纵横延伸、活动组合。有时为了解决某个问题,一次活动不能奏效,可以设计系列活动。辅导一种策略,可以与学科教学相结合,也可以课内课外相结合,在迁移中改变中小学生的学习行为。

(三)活动形式设计

学习辅导应重视具体方法技术的指导与运用,如角色扮演法、心理自述法、游戏活动法。

（1）角色扮演法借鉴心理辅导中"心理剧"的形式,让中小学生在真实生活中以角色的身份活动,体验角色的人格、情感、人际关系、内心冲突等,进而增进自我认识。

（2）心理自述法,是指让学生自由地表述自己的心理状况,自己述说事情的经过和感受的一种形式。它可以培养中小学生的语言表达能力,培养他们的自信、自我反省、自我认识能力,锻炼学生的思维能力,克服害羞心理。

（3）游戏活动法,是指以游戏为中介,让学生通过游戏活动的参与,在轻松、愉快、和谐、活跃的氛围中自由表露自己的情绪,投射自己的内心世界,体验与反思自己的行为,分享同伴的经验与感悟,从而发展健康心理。这种方法特别适合小学生。

三、中小学生学习心理辅导活动实施过程指导

学习心理辅导活动课程强调中小学生的直接体验和行动，教育价值集中体现在活动过程中。在活动过程中，指导教师要特别注意以下两个基本要求。

（一）重视行为实践的过程调控，注意让每个中小学生都投入到活动中

教师作为组织者、指导者，要有效地组织引导、点拨学生参与调查，小组讨论，倾听他人交流，分享实践体验。以"行为实践—体验、感悟、实践—再体验、再感悟、再实践"的原则组织、指导一系列活动，促进中小学生不断成长。活动既要面向全体，又要关注差异；既要充分发挥组长的组织带头作用，又要了解每个小组成员的状况，及时心理疏导；既重"预设"，更重"生成"。

（二）重视激活中小学生并引导探索心路历程

心理辅导活动课程强调学生的自我探索、体验感悟以及自助互助。心理辅导活动课程的性质决定教师应更多地充当好朋友的角色。首先，教师应注意转变角色，以民主、平等、尊重的态度，调动中小学生的参与动机。其次，引导并要求中小学生探索并交流记录自己的心理体验。中小学生只有经过自我探索获得经验，才会有真正意义上的成长。在活动的各个阶段，都要让中小学生以"心灵独白"或心理日记的形式交流记录自己的探索成果，这也是最有价值的"成果报告"。

四、中小学生学习心理辅导活动效果评价

学习心理辅导活动课程评价的重心是学生自身经验的变化，具体可从对学生状况的评价、活动设计的评价、教师的自我反思三个方面来考虑。

（一）对中小学生状况的评价

（1）中小学生参与活动的态度。中小学生是否认真参与活动，是否努力完成自己分担任务，能否主动提出活动设想、建议，在活动中是否不怕困难、有合作精神。

（2）中小学生自身的心理状况和学习行为是否发生了变化。积极的自我形象建立，主要考察健康的情绪和情感、自我效能感；学习行为变化，主要考察学习策略的掌握，良好学习习惯的养成，积极动机态度的确立。

（3）中小学生创新精神和实践能力的发展情况。考察中小学生在活动中从发现问题、分析问题到解决问题的全过程所显示出的探索精神和实践操作能力。

由于心理健康活动的评价强调过程评价和自我反思性评价，因此，在一节课活动结束后，应进行形成性评价，侧重于中小学生描述性的自我反思。

（二）活动设计的评价

（1）对活动主题和目标的评价。主题目标是否与中小学生的成长密切相关，阶段目标是否明确具体，主题目标是否得到中小学生的认同而主动积极参与。

（2）对活动环节安排设计的评价，各阶段活动内容是否既紧密切合主题，又体现出综合与开放的特点，每一阶段的环节设计活动是否生动有趣，富于教育内涵。

（三）教师的自我反思

本专题活动效果评价，特别看重中小学生的体验感悟、自我探索的同时，还特别看重教师的反思能力和水平。教师能从主题确定、活动设计中，从实施过程学生的表现和心理记录，自己的参与、引导调控中，发现教育契机，总结积累教育经验，提升教育理念和专业素养，与学生一起享受成长的快乐。

第六章　中小学生人际交往心理引导

人是群体性动物,注定要与其他人展开社会交际,需要在不断地交际中发展自己的社会属性。中小学阶段是个体发展的早期阶段,在这一时期中小学生会经历一个不断完善和社会参与能力逐步提高的过程,通过与人交往,从一个自然人,通过掌握社会的道德行为规范与社会行为技能,逐渐成长为一个社会人。在社会学习过程中,中小学生学会了适应,在适应中又得到了发展。较强的交往能力,较好的人际关系,不仅有益于中小学生的心理健康,也能促进其认知能力的发展。

第一节　中小学生人际交往的特点

人际交往是中小学生认识自我、他人和社会的基本形式与途径。它可以为中小学生的自我意识和自我同一性的发展创造条件,中小学生的内在需要也是在交往中得到满足的。而要有效指导中小学生的人际交往必须先了解他们人际交往的特点,一般来说,中小学生人际交往主要集中表现在亲子关系、师生关系和同伴关系上,因此对他们的人际交往特点也主要从这三方面入手。

一、中小学生的亲子关系特点

亲子关系是儿童与父母之间建立的一种人际关系。它是在家庭生活中逐渐形成并发展起来的。婴儿大约在六个月以后,就

— 149 —

能与父母建立一种稳定的亲子关系，婴儿便形成了依恋。依恋是儿童与父母之间的一种感情联系、纽带或持久关系，是一种内在的心理状态或情感状态，也是一种基本的心理需求。这种依恋促进了父母与儿童之间的亲密感。英国精神病学家鲍尔比长期研究发现，早期的依恋关系会对儿童的心理发展尤其是人际关系、情绪及社会适应产生重要的影响，甚至会影响整个人生的顺利发展。

(一)小学生亲子关系

小学生亲子关系指的是小学生与父母之间的关系。一般来说，小学生与同伴的交往虽然逐渐丰富了起来，但与父母仍保持着亲密的关系，父母、家庭仍是他们的"避风港"。在交往中，父母往往是小学生最早模仿的对象，他们事事处处效仿父母，学习父母的行为方式，父母是他们最直接的榜样。小学生对父母形成的依恋感使他们易于向父母倾诉不安和烦恼，以得到父母的安慰和帮助，亲子间也因为沟通而更加融洽，小学生的归属感也在与父母的沟通中得到满足。

而在亲子关系的发展上，小学生也会表现出一定的波浪式发展趋势。具体来看，在三年级时，由于年龄小，小学生有较强的依恋性、依赖性，父母也对孩子关爱倍增，亲子间的关系特别好。进入四年级以后，随着独立性的提升，小学生的反抗情绪逐渐增强，希望能独立处理一些事情，但在父母眼中他们依然是不懂事的孩子，需要密切的关注和保护，这就导致小学生的亲子关系会因双方的独立性需求得不到满足而发生一定的下降。五年级以后，由于小学生逐渐懂事，又面临升初中的考验，父母也非常关心孩子的学业，彼此之间的关爱会使小学生的亲子关系有所好转。到了六年级，小学生的自我意识有了很大发展，独立性也逐渐增强，对父母的依恋转向与父母疏远，由顺从转向倔强，而不少父母对孩子的心理发展规律认识不深，从而导致子女的逆向情绪，从而扩大了亲子之间的矛盾。

（二）中学生亲子关系

众所周知,青春期是人生当中一段比较特殊的时期,甚至有心理学家把它称为"人生第二次诞生"。从身体发育的角度看,处于青春期的中学生需经历一个急速成长的过程,而这种成长往往让人应接不暇,无论是对学生还是家长。由于身体的快速成长,中学生获得了一种成人感,他们的亲子关系较小学生也会发生一定变化,这些变化主要体现在以下几个方面。

（1）在情感上与父母不如以前亲密了。不再像儿时那样与父母无话不谈,甚至开始挑剔父母,力图摆脱对父母的依赖获得真正的自我。青少年要求在心理上摆脱父母的控制的现象称为心理断乳。

（2）中学生的亲子冲突逐渐增多,亲子亲合程度降低。具体来看,从初一到高二这一时期,亲子亲合略有下降趋势;但总体上,中学生仍与父母保持着较高水平的亲子亲合,且与亲子冲突相比,中学生与父母之间的亲合程度发展较为稳定。这也表明了亲子冲突与亲合的相对独立性。亲子冲突的发生更具冲动性和情绪性,而亲子亲合是在长期的互动基础上逐渐发展起来的。

（3）父母的榜样作用削弱。一方面,随着中学生生活范围的扩大,会有其他成人形象通过各种途径进入他们的心里,这些人物又都是近乎理想水平的形象,相比之下,父母就黯然失色了;另一方面,随着中学生思维水平和认识能力的提高,会逐渐发现存在于父母身上的、过去却未曾觉察的某些缺点,这也会削弱父母的榜样作用。

二、中小学生的师生关系特点

师生关系是中小学人际关系中重要的组成内容,由于教师在中小学师生关系的建立中起主导作用,因而师生关系对中小学生的影响重大而深远。随着年龄的增长、知识的增加和社会经验的丰富,中小学生对教师的认识和态度有了不同程度的发展和变化,这些变化主要体现在中小学生的师生关系特点下,下面我们对其进行分析。

(一)小学生的师生关系

师生关系是小学生人际关系中的重要成分。由于小学教师在师生关系的建立中起主导作用,因而师生关系对小学生的影响更加重大而深远。具体来看,对小学低年级的学生来说,教师的话语是绝对权威的,这种绝对服从心理有助于他们很快学习、掌握学校生活的基本要求。但是随着年龄的增长,小学生的独立性和评价能力也随之增长起来。从三年级开始,小学生的道德判断进入可逆阶段。小学生不再无条件地服从、信任教师,他们对教师的态度开始发生变化,开始对教师做出评价,对不同的教师表现出不同的喜好。心理学研究发现,小学生最喜欢的教师往往是讲课有趣、喜欢体育运动、严格、耐心、公正、知识丰富、能为同学着想的教师。小学生对教师的评价还影响着小学生对教师的反应,他们对自己喜欢的教师往往报以积极的反应,而对自己不喜欢的教师往往报以消极的反应。对不同学科教师的情感偏好,影响着小学生上课的积极性。

(二)中学生的师生关系

中学生处于特殊的发展阶段,将从幼稚的儿童期过渡到成熟的成人期,在人际关系上也有着特殊的表现。这段时间,中学生不再像小学生一样盲目接受任何一位教师。他们开始品评教师,而且在每位学生的心目中都有一两位最钦佩的教师。中学生所喜爱的教师一般具有以下特点:知识渊博、授课水平高、热情和蔼、关心学生的成长、有朝气等。在他们心目中,他们所喜爱的教师几乎能达到十全十美的程度,并能在行动上对这些教师做出最好的反应。例如,对他们所喜爱的教师负责的科目,会努力学习;对这位教师所提出的各种要求,会十分认真地执行;对这位教师提出的各种意见和看法,会毫不犹豫地去接受和吸取等。

中学生师生关系具有鲜明的年级发展特点。具体来看,初一师生关系最好,但随着年级的增长,由于中学生的认知能力不断提高,独立性和批判性有显著发展,中学生的师生关系呈现下降的发展趋势。

从年级的发展趋势上看,初二和高二表现相对最不理想,矛盾冲突型学生人数明显高于其他年级,同时紧密和谐型的学生人数明显少于其他年级。从师生关系类型上看,初二和高二年级学生中表现出疏远平淡型的人数最多,其次是矛盾冲突型,亲密和谐型最少。从整体上看,初二和高二学生的师生关系发展表现出多冲突的特点,其中,初二阶段是中学生认知发展的转折期,在与教师的交往过程中,他们经常用审视的眼光看待教师的行为,但是他们的整体认知水平仍然比较幼稚,易于偏激,容易引起师生冲突或疏远;高二阶段是形式逻辑思维已经基本成熟的时期,并且辩证逻辑思维也趋于优势地位,但是并没有发展成熟。因此与教师的交往也容易出现认识上的偏差;初二的学生产生了较强的成人感,高二学生则产生了较强的成熟感,但是从本质上讲,他们的身心发展并没有完全成熟;教师缺乏对这两个特殊时期的学生特征的认识及准备,也容易导致师生间关系的不和谐。

三、中小学生的同伴关系特点

同伴关系是年龄相同或相近的学生在一种共同活动中相互协作的关系,是中小学生除父母、教师及亲属以外的另一重要的社会关系。与亲子关系、师生关系相比,同伴关系更加平等、互惠和自由。同伴关系为中小学生的社会性发展提供了全新的体验和探索,从而更有利于个体社会交际能力和社会判断力的发展。

(一)小学生的同伴关系

随着儿童进入小学,他们与同龄伙伴交往的机会明显增加了,同伴对儿童的影响也就越来越突出。在互相交流信息、表达思想、进行合作以及分享等方面的能力逐渐提高。同时,同伴群体的共同目标成为儿童社会生活的重要特征。在小学阶段,儿童对他人、对友谊和人际期望有了更为深刻的理解,他们通过与更多人的接触,逐渐认识到别人与自己不同,开始"去自我中心"。这时候,学生的同伴大部分是同性的,友谊变得更加有意义和持久。

而随着小学生与同伴交往的时间逐渐增多,并且开始形成同伴团体。对于小学生而言,有组织的团体即为班集体。刚入学的儿童,还没有真正意义上的班集体观念和意识。到一年级下学期,儿童初步形成了集体观念和集体意识。二年级时他们已经能明确地意识到自己是班集体中的一员,能逐步把集体的需要转化为自己的需要,把班集体的荣誉当作自己的荣誉,服从集体的要求,完成集体交给的任务。与此同时,班集体内部成员也逐渐分化,一部分儿童由于各方面表现较好,开始崭露头角,成为班集体的重要支柱和老师的得力助手,另一部分儿童则成为班里的基本群众。到了中、高年级,班集体的组织形式日益巩固和加强,儿童的集体意识日益提高,初步懂得了集体利益与个人利益的关系,并能自觉服从集体的要求,维护集体的利益。自发的团体组织结构通常是松散的,性质比较复杂,可能是有组织的集体的补充,也可能是集体的对立面。无论是有组织的集体还是自发形成的团体都会对儿童的社会性发展产生重要影响。这种影响主要是通过集体的舆论而实现的,如果儿童能遵守团体的规则,其行为符合团体的标准,则往往得到团体的好评和尊重;相反,则受到团体的指责与批评。因此,儿童为了获得团体中的地位就必须遵守一定的准则。与此同时,自己在团体中的地位、团体成员对自己的评价等对其自我概念的形成也起着重要的作用。

(二)中学生的同伴关系

与小学阶段的同伴关系相比,初中生的同伴关系有了新的内容和特点,更加复杂多样,对初中生的个性成熟和社会化发展有着不可替代的作用。初中生随着其独立性的逐渐增强和心智的不断成熟,对成人的权威感有所降低。实际上,由于独立倾向和尚未真正具备独立能力这样两种状态同时存在,他们虽然热衷于摆脱家长和教师,却很难真正地独立,往往不自觉地依靠和凭借彼此之间的相互支持和肯定完成逐渐脱离长辈的独立过程。在这种情况下,同伴关系对于初中学生有极大的影响力。他们在思想、行为、兴趣、爱好甚至衣着打扮上都热切地与自己的朋友、伙伴求同,而不再是向长辈讨教。为了维护符合同龄人之间的标准,甚至不惜与家长和教师发生冲突。

此外,进入初中以后,随着性生理的发育,性心理也逐渐发展,男女生之间的关系有了新的特点,双方都开始意识到了性别问题,并彼此对对方逐渐产生了兴趣。但是,在最初阶段,他们对异性的兴趣却是以一种相反的方式表达的,或者在异性同学面前表露出一种漠不关心的态度;或者在言行中表现出对异性同学的轻视;或者以一种不友好的方式攻击对方。总之,从表面上看,他们并不相互接近,而是相互排斥。到初中阶段的后期,男女生之间逐渐开始融洽相处,而且在一些男女生心中,可能还会对异性产生朦胧的喜爱之情。

进入高中以后,随着学生生理发育的逐渐成熟,以及自我意识的逐渐完善,高中生产生了强烈的成人感,他们希望自己像成年人那样举止行为,有自己的独立思考和主见,把握自己的生活;然而在师长眼中,高中生仍然是孩子,师长往往并不考虑和接受其要求独立自主的需求。高中生要求独立和师长仍然监管过多之间,产生了矛盾。这一矛盾所导致的各种情绪最容易在同伴之间获得共鸣,于是,在高中生的心中就形成了"我们"(青少年)和"他们"(成人)截然分别的世界。于是,高中生逐渐将感情的重心偏向同伴,朋友关系在其生活中变得日益重要。

此外,由于生理发育成熟以及各种能力的增长,高中生从关注自身的生理变化,转移到对异性身体和异性各种情况的注意,喜欢看男女爱情情节的小说和电影,对异性产生了强烈的好奇心,企图用直接或间接的方式吸引、接近异性,对异性有强烈的依恋,这就是异性的吸引力。异性吸引,最初是对整个异性而言,没有特定对象,以后才逐渐去寻找自己理想的对象,在日常生活中,他们开始悄悄打扮自己,在各种活动中,都会有意无意地在异性面前显示自己或获得异性关注的目光。

第二节 中小学生人际交往中人际吸引与心理效应

在人际交往的过程中,人际吸引因素和人际交往心理效应会直接影响个体人际交往活动的开展,了解和把握这两方面的因素有助于我们更好地做好中小学生人际交往工作指导,有助于指导中小学生提高自己的人际交往能力,因此也十分重要。

一、中小学生人际交往中的人际吸引因素

人际交往的过程实质上是人与人之间的情感、信息和物资交换的过程。在这一过程中,人际吸引是人与人之间建立交往关系的基础,良好的人际交往的原则是成功交往的重要保障。人际吸引是人与人之间的相互接纳和喜欢,一些因素会加深这种喜欢,这些因素就被称为人际吸引因素。在中小学的人际交往中,以下因素一般是他们开展人际交往活动的吸引因素。

(一)临近与熟悉因素

心理学研究表明,人们之间在地域或空间位置上相距越近,越易增加彼此的吸引力。俗话说:"远亲不如近邻。"空间上距离越小,双方越接近,越易成为知己,尤其在交往的早期阶段更是如此。此外,年龄越小,在择友中受临近因素的影响越大,如幼小的儿童,常因邻居、同桌成为好朋友、好伙伴。

此外,当我们非常熟悉某人时,能更好地预言他在不同情境中的行为反应,因此就不太容易做出令他烦恼的事。在相互熟悉的情况下,每个人都学着如何行动以避免不愉快的互动,并有意识地不去造成不愉快。因此,相互熟悉的人最容易成为朋友,这就是熟悉因素。熟悉是一种很普遍的人际吸引现象,它可以增加人与人之间彼此喜欢的程度。心理学家曾以人的照片作为研究材料,让被试者看一些人的面部照片,有些照片看 25 次之多,有些则只看 1～2 次,然后问被试者对每张照片的喜欢程度。结果表明,一个人的照片被呈现的次数越多,被试者对其就越熟悉,也就越喜欢。

(二)相似与互补因素

俗话说:"物以类聚,人以群分",这句话言简意赅地阐述了人际吸引中相似性的作用。一般人都倾向于和自己在某方面或多方面相似的人交往,如在文化传统、居住地域、风俗习惯、民族、年龄、学历、教养、职业、地位、思想、观念、兴趣、爱好、特长等方面的相似性在人际交往中的吸引作用。心理学的研究表明,凡是具有某些相似之处的人们容易吸引、容易交往,即相似性,就会产生共同语言和共同感受,继而容易建立关系。相似性有助于交往,这是因为:首先,各种相似的因素使人具有较多的共同参与社会活动的机会,因而人们接触较多,容易熟悉和相悦;其次,相似性可以使交往双方产生一种社会增强作用,能满足双方共同的需要;最后,相似性可以使人与人之间的意见容易沟通,由于较少有沟通上的障碍,可以减少误会、曲解和冲突,从而有利于维持良好的人际关系。

除了相似之外,当双方的需要以及对对方的期望正好成为互补关系时,就会在个体间诱发强烈的吸引力。古语云:"相异者相吸引。"人们并不排斥与其他一些有着不同人格特征的个人相处,并建立起和谐的人际关系。有时两个性格很不相同的人相处很好,并成为好朋友,这就是由于双方都知道自己的长处和短处,都想利用对方的长处来弥补自己的短处,这是一种心理上的需要,基于这种需要,双方可以和睦相处。例如,脾气急躁的人和好脾气的人在合作上可以减少纠纷;性格外向的人和性格内向的人结成学习小组比较容易完成学习计划。在能力方面,能力强的人、主动性强的人和能力弱的人、依赖性大的人结合在一起学习,就能相互补充、协调学习。

(三)个人特质因素

心理学家阿尔伯特经过研究发现,人际吸引力最重要的成分首先是人的内在属性,如涵养、幽默、礼貌等;其次是形体的特点,如体魄、服装、仪表等;再次是个人表现出来的特殊行为,比如新奇和令人喜欢的动作等;最后是因个人的角色地位而引起他人的爱慕和尊敬。另外,帕尼等人曾经以友谊为题访问了四万余人,发现吸引朋友的良好品质有信任、忠诚、热情、支持、帮助、幽默感、宽容等 11 种品质,其中忠诚是友谊的核心和灵魂。而以上这些要素都可以归为个人特质因素。而对人际吸引中的个人特质进行具体分类,它大致可分为以下几类。

1. 外貌

在人际交往中,那些衣着得体、举止端庄、待人有礼而又风度翩翩的人容易给人以好感,从而使对方产生进一步交往的意愿。大量的研究表明,外貌魅力引发明显的"辐射效应"。人们对美貌的人的其他方面会给予积极评价,但如果人们感到有魅力的人在滥用自己的美貌时,会反过来倾向于对其实施更严厉自制。

2. 能力

人们一般喜欢聪明能干、比自己优秀的人,而不喜欢与无能平庸的人交往。一个人在某一领域有才干、有特长就会产生一种吸引力,其他人就会欣赏其才能,产生钦佩感,愿意与其交往。一方面,聪明能干的人或许能在一些问题上给予对方指点和帮助,另一方面,与才华出众者交往能使与其交往者产生满足和愉悦心理。心理学研究显示,人们最喜欢交往的并不是那种完美无缺点的人,而是有才华又有小缺点的人。

3.性格

人们更愿意与性格好的人交朋友。社会心理学家通过一项对人际关系的跟踪调查表明,缺乏人际吸引力的性格特征如下。

(1)自我中心主义强,只关心自己的利益和兴趣,忽视他人的处境和利益,只能与人建立一般的人际关系。

(2)不尊重别人的人格,对他人缺乏感情,不关心他人的悲欢情绪,甚至把别人作为自己使唤的工具。

(3)过分服从并取悦别人,过分惧怕权威而又不关心其同事或部下,过分依赖他人而又丧失自尊心。

(4)对人不真诚,不顾及别人的利益和需要,采取一切手段处处想获得自己的利益和好处,并以此为前提和他人交往。

(5)妒忌心强,怀有敌对或偏激情绪,猜疑心重,容易导致与他人的关系陷入僵局。

(6)怀有偏见,固执又不愿接受他人规劝,过分使用防御机能,报复心强等。

(7)情绪孤立、性格羞怯,不喜欢与人交往。

(8)过分自卑、缺乏自信心,对人际关系和他人批评过分敏感,完成工作任务后又过分自夸等。

(9)好高骛远地提出过高要求、过高目标,苛求他人。

相反,富有人际吸引力的性格特征如下。

(1)具有与他人建立和维持和睦关系的良好愿望,乐于与别人友好相处。

(2)尊重他人,关心他人,乐于助人,有同情心,感情动机强,一视同仁。

(3)热情开朗、性格外向,积极参加社会活动。

(4)稳重、耐心、忠厚老实、为人可靠,对集体有强烈责任感。

(5)聪明能干,善于独立思考,在学习和事业上有成绩。

(6)具有自尊心和自爱心,重视自己的独立性和自治性,谦逊,不过分取悦他人。

(7)兴趣广泛,有多方面爱好。

(8)真诚、善良。

二、中小学生人际交往中的心理效应

心理效应就是在某种情况下,人们产生的心理倾向或心理作用。人们在交往过程中,会出现一些心理效应,影响着对他人的认识和评价,还有可能产生某些偏差,使交往出现障碍。中小学生也是如此,为使他们的人际交往顺利进行,需要了解这些心理效应。这些心理效应主要包括以下三种。

(一)首因效应

首因效应也就是第一印象,说的是在人际知觉中、在一个人对另一个人的认知过程中,他第一次即最初获得的感性资料在对这另一个人的印象的形成中,所具有的特别重要的作用。

在日常生活中,我们每个人都会以自己的迅速而有效的方式去形成对他人的统一而完整的印象。而且往往是只要对某人的照片或街上某人匆匆一瞥,对于他是怎样一个人就有了大致的概念。甚至当你听到一个人的名字时,也会在脑海里对此人形成初步印象,如听到"李胖子"这一类名字时就与听到"王力"名字时的印象大不一样。两个人碰面,有时只是短短的瞬间或是几句简单的交谈,彼此对对方就形成了印象。社会心理学家的研究告诉我们:良好的第一印象是人际交往的资本!因为人们首次留给对方的印象比较鲜明牢固、深刻,对人的认识过程有非常重要的"先入为主"的作用。如果一个人在初次见面时给人留下了良好的印象,就会对人产生吸引力,人们就愿意和他接近、交往,对他的其他未知品质作肯定的评价。相反,如果初次见面给人留下不良印象,则会产生一种排斥力,影响人们与他的接近、交往,会促使人们对他的其他未知品质作否定的评价。可见,在人们的心目中留下一个良好的第一印象是多么的重要。

(二)近因效应

近因效应是指在任教交往中,最近对人了解的情况占优势,往往会掩盖个体对某个人一贯的了解。例如,甲学生平时表现并不怎么突出,可一次偶然机会做了一件影响较大的好事,受到了表彰,舆论界也作了宣传报道,人们便一下子就改变了对他的看法,使他成了一个先进人物。学生乙平时表现一贯很好,经常受到学校老师的表扬,同学们对他的评价也很好,结果因一次失误,同学们便认为他并不理想,对他的评价也就突然低下来。再例如,甲乙两同学平时友谊较深厚,相处和谐,甲生对乙生堪称关怀备至,可是却因最近一次"得罪"了乙生,就遭到了乙生的痛恨。这些都是由近因效应在作祟。

对待人际关系中的近因效应应注意以下方面。

(1)沉着冷静。人际间的负性近因效应,大多产生于交往中遇到与愿望相违背、意愿不遂,或感到自己受委屈、善意被误解。仅仅是一次的不良印象,却压倒了以前所有的好印象。因此,遇到这种情形首要的是要沉着冷静,待心平气和之后,寻找机会再理论,明辨是非。

(2)宽宏大量。如果是自己不对,必须道歉。如果是对方不对,第一,想想过去,把当前的不愉快画上句号;第二,想想过去,为未来的交往留条路。

(3)开诚布公。朋友之间理论是非,彼此都不需要隐瞒,应开诚布公地阐述自己,不要说半茬子话,办半茬子事;同时听取对方的见解,在对方的见解中芟掘合理性,以友情为重,解开疙瘩。

(三)晕轮效应

晕轮效应,又称"光环效应",属于心理学范畴。晕轮效应指人们对他人的认知判断首先是根据个人的好恶得出的,然后再从这个判断推论出认知对象的其他品质的现象。如果认知对象被标明是"好"的,他就会被"好"的光圈笼罩着,并被赋予一切好的品质;如果认知对象被标明是"坏"的,他就会被"坏"的光圈笼罩着,他所有的品质都会被认为是坏的。这种强烈知觉的品质或特点,就像月亮形成的光环一样,向周围弥漫、扩散,从而掩盖了其他品质或特点,所以就形象地称为光环效应。例如,有一位中学生,听了一名青年歌手的歌看了他演的影片之后,便对这位歌坛新秀和影视明星崇拜得五体投地,见人便说某某是我心中甚至全世界最全才、最有水平的人物,是青年人奋斗的方向,学习的楷模。只要有此演员的片子他都要去看,有他歌曲的录音带全买,而且还承担起此演员名誉的"守护者"的义务。当听说这位演员在多次演出时,因为报酬少而拒绝上场,不尊重观众,因为长期偷税漏税而被指控不遵守国家法律制度,生活作风不检点,不尊重社会公德时,他却认为只是谣传和诽谤,根本不信,这些都是晕轮作用影响的效果。

第三节 中小学生人际交往心理障碍的克服

人际交往效果好坏,是人们相互关系当中物质的和精神的需要能否得到满足这一心理状态的直接反映。如果人与人之间能够形成并且保持一定的关系,人们同时又能够在这种关系中得到一定程度的心理满足,他们彼此之间就产生了喜欢和亲近的情感体验,双方都会感到心情舒畅,轻松愉快;如果情况相反,矛盾与冲突给双方都带来厌恶和疏远的情感体验,就会产生心情抑郁与忧伤,进而影响个人的身心健康,甚至还有可能导致一些心理问题的产生。这些都属于人际交往心理障碍的范畴,因此克服这些障碍也是中小学生人际交往心理引导的重要的内容。一般来说,中小学生常见的人际交往障碍及其克服方法主要以下几个方面。

一、猜疑引起的交往障碍及其克服

在青少年人际交往中，一些学生常常疑心别人在说自己坏话，或者看不起自己，从而导致人际信任危机。猜疑心重的人常常疑心重重，或是无中生有，结果会认为人人都不可信，人人都不可交。此外，猜疑会导致对他人的误会，也不利于人际交往的开展。

存在猜疑心理的中小学生疑心重，遇事敏感，有比较严重的神经过敏，而且常常是把事情和当事人往坏处想，往对自己不利的方面想，从而引起痛苦的感受和意志的消沉。因为这种猜疑，也就滋生了对周围人们的不信任和厌恶感，往往导致人际关系不理想，孤独郁闷，常唉声叹气。

要想克服社会交往中的猜疑心，首先要学会自我控制，暗示自己要冷静、要理性、要制怒。重要的是让理智控制情感。自我控制法对防止由于激进的感情冲动做出不理智的行为，是十分有效的方法。

此外，还应建立知己知彼的基础。如果一个人对他人的品质特征、处世方法等有深入的了解，他就不易无端地猜疑他人。但是，一旦出现猜疑的信号后，不妨试以诚恳的态度，鼓足勇气与对方坦率地交换意见，进行开诚布公的交谈，以此解除误会或证实猜疑，这是最为简洁和行之有效的方法。

二、自卑引起的交往障碍及其克服

在中小学生的人际交往中，由于家境、长相、智力、特长等外在的原因导致其产生自卑感、缺乏自信心，他们害怕失败，害怕尝试，害怕拒绝，也因此缺乏与人交往的勇气。

自卑心理往往表现为对自己缺乏一种正确的认识，在交往中缺乏自信，总觉得自己不行、比别人差，觉得不足的地方太多。这样会导致他们失去交往的勇气和信心。自卑心理可能人人都有，但过度的自卑则会影响到人际交往等方面。如果不善加引导，自卑的孩子将逐渐丧失胆识、魄力和独特个性。在同伴交往活动中，自卑表现为缺乏自信、自惭形秽，想象成功的体验少，想象失败的体验多，自卑的浅层感受是别人看不起自己，而深层的体验是自己看不起自己。同伴交往退缩是指在同伴交往中害怕与同伴交往，恐惧别人对自己的负面评价，恐惧被人拒绝、受人冷落，恐惧与人亲密接触。同伴交往退缩给儿童、青少年的成长带来的负面影响是多方面的，如难以结交新朋友，无法与人共享亲密与关怀；难以与人做有效的沟通，因而妨碍自己意见的表达与自身权益的维护；容易引起他人的误会，妨碍他人对自己的正确评估。由此又形成或加强了自己的沮丧、孤僻和自卑的个性。

不管如何，在人际交往中，必然会导致行为退缩，对中小学生建立和发展良好的人际关系弊多利少，应学会克服它，具体可从以下方面入手。

(1)悦纳自我。自卑是一种轻视自我的心理倾向，要从根本上克服自卑，就必然从正确地认识自我入手，找出自己的优点，发挥自己的常熟，改善自己的缺陷，增加才干，从而树立自信，超越自我。

(2)积极的自我暗示。自我暗示有两种，一种是消极暗示，另一种是积极暗示。消极暗示不仅扰乱人的心志与行为，也能破坏人体的生理机能，甚至导致各种疾病。积极暗示可增进和改善人的心理行为，矫正心理疾病，因此中小学教师要引导中小学生进行积极的自我暗示，以提升中小学生的自信心，积极主动的与人交往。

三、自负引起的交往障碍及其克服

这种情况与自卑心理相反。在交往中过高地估计自己，总觉得自己优于别人，摆出一副盛气凌人的样子，自以为是，老子天下第一，甚至发展为不愿意与人为伴。这一心理往往成为交往的障碍,大家都不会喜欢与自高自大、目空一切的人交往。自负与自卑的性质相反,表现为不切实际地高估自己,在他人面前盛气凌人,自以为是,过于相信自己而不相信他人,总是把交往的对方当作缺乏头脑的笨蛋,常指责、轻视、攻击别人,使交往对方感到难堪、紧张、窘迫,因而影响彼此交往。

要克服这一心理障碍,可从以下几方面入手。

(1)逐渐改变对中小学生的评价方式,对中小学生的评价应客观实际。中小学生总是有不足的地方,不要因为溺爱中小学生就不切实际地吹捧和表扬中小学生,这样容易形成中小学生的自负心理。

(2)提高自我认识。中小学生要全面地认识自我,既要看到自己的优点和长处,又要看到自己的缺点和不足,与人比较不能总拿自己的长处去比别人的不足,把别人看得一无是处。

(3)给中小学生适当的批评。自负者的致命弱点是不愿意改变自己的态度或接受别人的观点,通过接受别人的批评,改变过去固执己见、唯我独尊的形象。

四、恐惧引起的交往障碍及其克服

有些中学生有交往的欲望,但无交往的勇气。常常表现为与人交往时(尤其是在大众场合下),会不由自主地感到紧张,害怕以至于手足无措、语无伦次,严重的甚至害怕见人。尤其害怕与比自己水平高、能力强及有所成就的人进行交往,怕他人瞧不起自己。有的同学一到人群中就觉得紧张不安,在课堂上、教室里、图书馆,都会觉得别人在注意自己、挑剔自己,轻视或敌视自己,以至于无法安下心来听课、看书、做作业。这些恐惧使生活黯淡、不愉快,进而造成一系列不良的心理反应。

要克服这一心理障碍,可从以下几方面入手。

(1)挖掘恐惧的根源。如果说我们是因为受过打击而变得退缩,那么我们一定要勇敢地把当时受打击的事从记忆里翻出来,勇敢地面对它。过往的一幕就像一个冰块，因为那一幕不堪回首，所以我们狠狠地把它按进了水里。但我们发现，只要我们再回到与当时类似的场合，它就会反弹回水面，继续扰乱我们的生活。把它按进水里并没有解决我们的问题，只有把它捞出来，放在阳光下，它才会慢慢融化、消失。勇敢正视它，无须害怕！

（2）放下心理负担，人际交往没有什么值得恐惧。人际交往是一种社会活动。中小学生由于处于人生开始阶段，生活圈子相对狭小，人际交往是比较少和单调的。但是这一时期是人生的理想期，对事情总是以绝对、美好的标准来要求，包括人际交往，要求往往很高，而现实是不以人的意愿来发展的，结果使人感到失望。这是造成人际交往恐惧发生的根本原因。事实上，人际交往是成长的技术，是随着人的成长而逐渐成熟的。因而，没有必要为自己目前的人际交往困难感到恐惧和绝望。

第四节　中小学生人际交往能力的提升

新时代中小学生的人际交往能力总体上来说是比较差的，很容易在人际交往中遇到问题，继而产生交往心理障碍，影响其身心的健康发展。因此，不断提升中小学生的人力交往能力是十分重要的。具体而言，在提升中小学生的人力交往能力时，可采取以下几个有效的举措。

一、树立正确的交往观念

交往观念是个体对人际交往的手段、目的、途径等的看法，它决定着个体在交往过程中所采取的基本态度和行为。因此，树立正确的交往观念是进行健康、有益的交往活动的前提条件。

对于中小学生来说，要想获得良好的人际关系，就必须树立正确的交往观念。但是，当前的中小学生由于缺乏交往经验，在

"成人感"的心理特点的影响下,容易简单接受社会上种种不正确的交往观念,从而对其交往活动产生负面影响。具体来说,在当前中小学生中最突出和最常见的不正确的交往观念主要有以下几种:一是功利主义倾向,即单纯从自身利益出发,以能否获得功利为标准来指导交往活动。持这种交往观念的中小学生在交往中处处以自我为中心,不考虑他人的利益和需要,在个人利益与他人利益发生冲突时,不惜损害他人利益以满足自己的需要,这实际上是"人不为己、天诛地灭"的错误观念在交往中的反映。二是"义气"用事的倾向,即在交往中是非观念不明,事事从"哥儿们义气"出发行事,信奉"为朋友不怕两肋插刀""士为知己者死",在关键时刻为了小团体的利益而把行为规范和道德准则置于脑后,做出害人害己、违法乱纪的事。三是网络倾向,即互联网交际日益成为一种重要的人际交往形式,越来越多的中小学生选择通过网络与他人进行交流,但一些中小学生特别是中学生沉迷于网络交友,对现实的人际交往则不予重视。这很可能导致中小学生分不清网络与现实,影响其进行现实的人际交往。

总之,必须引导中小学生树立正确的交往观念。为此,教师和家长有必要通过辩论、集体讨论、游戏等多种方式让中小学生正确认识友谊和与人友好交往的意义和作用。比如,教师可以设计"盲人旅行"活动,让学生体验人与人相互帮助、相互支持的需要和感受。活动内容是,将学生分成两组,让其中一组当盲者,另一组当明者,盲者以手帕蒙眼,明者搀扶盲者前进直到目的地。之后,双方交换扮演角色。活动结束后,教师要引导学生交流感受。

二、掌握必要的交往技巧

对于中小学生来说,要想提高自己的人际交往能力,掌握必需的交往技巧也是十分重要的。中小学生掌握并运用必要的交往技巧,能够确保交往活动的顺利进行,也能减少自己在交往活动中的紧张感以及因交往失败而产生的心理压力。具体而言，中小学生需要掌握的交往技巧有以下几个方面。

（一）自我介绍的技巧

在初次交往时，为了让对方了解自己，就需要借助于自我介绍的技巧，即能够根据交往时的情境、交往的目的、对方的情况等灵活地进行自我介绍。能否做好自我介绍，在很大程度上影响着人际交往能否取得成功。因此，对于中小学生来说，掌握自我介绍的技巧是十分重要的。

具体而言，中小学生需要掌握的自我介绍技巧包括以下几方面的内容。

第一，在进行自我介绍时，要举止得体，保持良好的精神状态，切忌随意松散，态度傲慢，心不在焉。

第二，在进行自我介绍时，要尽可能简洁，突出重点，即根据交往的场合和目的，除姓名、年龄，向对方表明自己最主要的特长、兴趣爱好等对方最关心、最希望了解的信息。

第三，在进行自我介绍时，要确保信息的真实、准确。

第四，在进行自我介绍时，要注意在介绍完后表明对对方的好感，表达出希望继续交往的愿望，并约定再次交往的时间、地点联系办法等。

（二）了解对方的技巧

对于中小学生来说，要确保人际交往的顺利进行，掌握了解对方的技巧也是十分重要的。所谓了解对方的技巧，就是在交往过程中运用在交往中所获得的信息，了解对方的个性、需要、品质，特长等特点，以对进一步对交往行动进行调整。

具体而言，中小学生要掌握了解对方的技巧，可具体从以下几方面着手。

第一，在了解对方时，一定要避免先入为主的态度，尽可能做到客观与全面。

第二,在了解对方时,要注意在日常生活中搜集对方的言谈举止等信息,并根据这些信息对对方的个性、品质等进行综合判断。切不可仅凭零星的印象或只言片语,就对对方的个性、品质等进行定性。

第三,在了解对方时,要注意观察其在特殊情况(如个人利益与他人利益相冲突时)下的反应。这对于了解交往对象的真实一面具有重要帮助。

(三)化解矛盾的技巧

在人际交往中,由于交往双方在个性特点、兴趣爱好、对问题的看法等方面的差异,很容易会产生这样或那样的矛盾。当交往双方产生矛盾时,如不能及时、有效地化解,很可能会导致交往的失败。因此,中小学生要想提高自己的人际交往能力,掌握化解矛盾的技巧是十分重要的。

一般来说,在化解矛盾时需要遵循以下几个步骤。

第一,冷静分析交往双方的冲突产生原因以及分歧的焦点。这可以说是化解矛盾最为关键且最为重要的一步,因为当矛盾产生时,交往双方都处在较激烈、冲动的情绪状态中,要冷静下来是比较困难的。

第二,在可行的范围内,找出一个双方都能接受的解决方案。这一解决方案可以是一方被说服、作出让步或观点的保留与改变,也可以是双方均作出让步或观点的调整。需要注意的是,这里所说的让步必须是有原则的、可被接受的,而不是无原则的妥协与退让。

第三,在无法找到双方都可以接受的解决方案时,寻求第三方进行调停。

三、学会倾听

"听"是人们直接获得信息的最为重要的实践能力,人类的一切实践活动都离不开"听"，并且"听"与语言是同时产生的。一个人语言习惯和运用语言能力的提高，首先从"听"开始。有资料显示，"听"占人的语言活动的 45% 左右，几乎与"说"的活动总量相等。在人际交往中，若不能耐心地倾听别人的意见，就无法掌握交往对象的想法，与其进行交流也会变得十分困难。如此一来，双方是难以顺利进行交往的。因此，对于中小学生来说，要想提高自己的人际交往能力，学会倾听也是十分重要的。

中小学生要学会倾听，可具体从以下几方面着手。

第一，培养自己对声音的注意力，即要时时刻刻注意听各种声音。

第二，要用心倾听他人的话。一些中小学生在听他人讲话时要么心不在焉，要么目标转移，要么四处走动，这种行为很容易使说话者受到伤害，导致其不愿意再说话。这样一来，便无法了解对方的想法，交往也就无法顺利进行了。

第三，要学会如何提问。倾听他人，就是要给他人更多的说话时间。如果中小学生能够掌握恰当的提问方式，可以帮助他把说的机会留给他人。对于不认识的同学，在交谈的时候，两人往往会以提问的方式进行，但是怎样提问却是有讲究的，既不能提问过于频繁，也不能打破砂锅问到底，否则会容易导致交谈无法进行。此外，在提问时一定要避免涉及对方隐私和敏感的话题。其中，不能涉及隐私是因为，个人隐私是个人感的重要体现，没有个人感就没有个人隐私，没有个人隐私也就无所谓个人。隐私之所以重要，在于它接纳了每个人私生活的合法性和独立性。而且个人隐私如同每个人的"内衣"，没有人愿意在大庭广众之下赤身裸体，也没有人愿意在外人面前暴露自己内在的服饰（模特例外）。这是因为，个人隐私中包含的绝大部分秘密属于生活中不可言说的部分，它必须保密，所以它不能与人随意分享。不能涉及敏感的话题是因为，敏感的话题很容易使谈话和交往变得十分尴尬，继而难以进行。如此一来，交往双方是不可能顺利进行交往的。

四、养成良好的人格品质

对于中小学生来说,要想提高自己的人际交往能力,努力养成良好的人格品质也是十分重要的。具体而言,中小学生需要养成的良好人格品质有以下几个方面。

(一)诚信

诚信就是诚实、守信用。诚实守信是人的立身之本,是全部道德的基础。一个言而无信的人,是不堪为伍的。由此可以知道,诚信对一个人来说有多么重要。

对于中小心学生来说,养成诚信的品质也是十分重要的。而中小学生要做到诚信,必须要做到以下几个方面。

第一,要信守诺言。诺言是一个人对他人或自己所做的承诺,这种承诺可以是以语言的形式外现出来,也可以是人在心里对自己所做的某种比较郑重的决定。简单地说,就是一个人要说到做到。如果一个人经常不遵守自己向别人许下的诺言,那么,他会渐渐在别人心中失去信誉,他说的话从此再不会有人放在心上。在人群中,他也会变得可有可无,因为他说的话、做的事再不会有人去关注。他会渐渐失去朋友,变成一个孤单而无助的人。

第二,要实事求是、不说谎话和瞎话。所谓实事求是,就是从实际情况出发,不夸大、不缩小,正确地对待和处理问题。

第三,要守时,即遵守关于时间的约定。中小学生作为一个现代人,守时是一个重要的习惯,既要遵守与他人约定的时间,也要遵守各种纪律规定的时间。如果不能做到这一点,可能会失去在同学和朋友之间的信誉。

第四,要真诚待人接物。所谓真诚,是指真实诚恳,没有一点虚假。随着时间的推移,不真诚的人会慢慢地被人疏远。如果还有人与他交往,也不能得到别人的真诚对待。

（二）谦虚

谦虚是一种美德。谦虚好学者，人们总是乐于与之交往，反之狂妄自负、目无他人的人，人们往往避而远之。在人际交往中，豁达、谦虚谨慎、戒骄戒躁、虚心学习他人之长，常常会有亲和力；而狂妄自大、傲视他人、不懂装懂、知错不改，是为人所厌恶的。因此，中小学生必须注重培养自己谦虚的品质。

（三）有责任心

责任心是人格的重要组成部分，是一种非常重要的素质，是成为一个优秀的人所必需的。主动承担责任，意味着愿意主动去为他人或集体做更多的事情。只有一个人意识到主动承担责任的时候，他的美好人格才开始。因此，中小学生也必须培养自己的责任心。

（四）豁然大度

在人际交往中，度量直接影响到了人与人之间的关系是否能协调发展。人与人之间经常会发生矛盾，有的是由于认识水平的不同，有的是因为一时的误解造成的。如果能够有较大的度量，以谅解的态度去对待别人，这样就可能会赢得时间，使矛盾得到缓和。反之，如果度量不大，那即使为了丁点大的小事，相互之间也会争争吵吵、斤斤计较，结果伤害了感情，影响了友谊。因此，中小学生必须要养成豁然大度的风格。

五、切实遵守人际交往的基本原则

中小学生要想提高自己的人际交往能力，掌握人际交往的基本原则也是十分重要的。具体而言，中小学生需要遵守的人际交往原则有以下几个。

（一）交互原则

在人际交往中，人人都希望别人能承认自己的价值、支持自己、接纳自己、喜欢自己。但要别人喜欢自己也是有前提的，那就是我们也要喜欢别人、支持别人、承认别人的价值。因此，中小学生在进行人际交往时，必须遵守交互性原则，首先接纳、喜欢他人，并善于主动表达自己对他人的爱和关心，保持人际交往中的主动性。

（二）功利原则

在人际交往中，人们不仅像交互原则强调的那样需要行为倾向的相互对应，而且还希望保持等价交换。人们的一切交往活动及一切人际关系的建立与维持，都是人们根据一定的价值观选择的结果。对于那些对自己来说是值得的，或得大于失的人际交往，人们就倾向于建立和保持，而那些对自己来说不值得，或失大于得的人际交往，人们就倾向于逃避、疏远和终止，只有当双方都觉得自己的得不小于失时，交往才能顺利地进行下去。因此，中小学生在进行人际交往时，必须遵守功利原则，即要想被别人接纳，就必须了解别人在人际交往中的价值倾向，不能只知道向别人索取，自己却不付出和"投资"，而应该努力保证他人的得失平衡，从而使其感到与自己的交往是值得的。

（三）情境控制原则

每个人都有对情境（物理情境、社会情境和心理情境）加以控制的需要，当情境不明确，或者情境无法把握时，就会引起机体强烈的焦虑和高度紧张的自我防卫状态，个体也会倾向于逃避这种情境。例如，大多数的学生都不愿意和班主任单独相处，因为和班主任在一起时，情境控制的权利完全在他手上，学生只能感到高度束缚，不能自由地进行交往。因此，中小学生在进行人际交往时，必须遵守情境控制原则，即积极创设平等、自由的人际交往环境，使他人知觉到情境是可以自我控制的，获得心理上的安全感，从而促进人际交往的顺利展开。

第七章　中小学生情绪调适与辅导

　　情绪是一个人心理生活的重要方面,对人的行为会产生很大的影响。中小学生正处于情绪发展的重要时期,充分体现出半成熟、半幼稚的矛盾性特点。如果得不到很好的调适与辅导,就很容易对其学习、考试、生活等产生影响。所以,为了中小学生的幸福和成长,必须关注中小学生的情绪发展问题,调适不良情绪,培养积极情绪。

第一节　情绪及中小学生情绪发展的特点

一、情绪的认知

　　情绪是人类心理生活的重要方面,也是一种极其复杂的心理现象,所涉及的内容非常广泛,很多心理学家对此都有研究,但由于情绪的极端复杂性,至今还没有得到一个统一的解释。不过,已经出现了受较多学者认同的概念,即情绪是个体对客观事物的态度体验及相应的行为反应。

(一)情绪的主要成分

　　情绪具有独特的主观体验、外部表现,并且伴随着特定的生理唤醒。所以,主观体验、生理唤醒和外部表现就是情绪的主要成分。

1. 主观体验

这是个体对不同情绪状态的自我觉察，或者说是自我感受。不同的人面对不同的事物，会有不同的主观感受，如被别人欺负时，感到愤怒；取得好成绩时，感到高兴；亲人离世时，感到悲伤。同一个人在不同的时间和情境下对同一个事物的主观感受也可能很不相同，如同一个人，在恋爱的情况下，看到地上的小草，觉得美好；在失恋的情况下，看到地上的小草，会感到悲凉。一般来说，只要能满足人的需要或符合人的愿望、观点的客观事物，就能使人产生愉快、喜爱等肯定的情绪和情感的体验；只要是不能满足人的需要或违背人的愿望、观点的客观事物，就会使人产生烦闷、忧郁、厌恶等否定的情绪和情感的体验。

2. 生理唤醒

生理唤醒是一种生理的激活水平，是"伴随情绪而产生的内脏器官、内分泌或者神经系统的生理反应"[1]，如呼吸加快或者变慢，血压升高或者变低，瞳孔张大或者缩小，汗腺打开或者封闭等。任何情绪都伴随着生理反应，只是不同的情绪所伴随的生理反应模式是不同的。20 世纪 80 年代，艾克曼等研究人员让被测试者用面部肌肉来表达愉快、发怒、惊奇、恐惧、悲伤或厌恶等情绪，同时给他们一面镜子以辅助他们确定自己面部表情的模式，要求他们把每一种表情保持 10 秒钟，并对他们的生理反应情况进行测量。结果表明，各种面部表情的生理反应存在明显差异。保持发怒和恐惧的表情时，被测试者心率都会加快；保持发怒的表情时，被测试者的皮肤温度会上升；保持恐惧的表情时，被测试者的皮肤温度则会下降。

---

① 杨红梅，朱雅勤.中学生心理课情绪管理［M］.北京：中国轻工业出版社，2015：2.

3.外部表现

这是情绪状态发生时身体各部分的动作量化形式,包括面部表情、语音语调和身体姿态等。例如,人在高兴时一般嘴角上翘、痛苦时眉头紧皱、悲伤时声音低沉、快乐时音调高亢、痛苦时捶胸顿足、愤怒时摩拳擦掌。情绪的外部表现既有先天遗传性,又有社会文化的制约。也就是说,世界上所有的儿童当受伤或悲哀时都哭泣,快乐时都发笑。然而,受到社会、文化因素的制约,人们有时为了社会交往的需要,会故意掩盖自己的真实情绪,表现出与内心情绪不一致的表情或者动作来。

(二)情绪的维度和两极

情绪的维度是指情绪在其所固有的某种性质上,存在着一个可变化的度量。而这些维度的变化幅度又具有两极性,也就是说每个维度都存在两种对立的状态。

情绪的动力性这一维度有增力和减力两极。一般来讲,需要得到满足时产生的肯定情绪是积极的、增力的,可提高人的活动能力;需要得不到满足时产生的否定情绪是消极的、减力的,会降低人的活动能力。情绪的激动性这一维度有激动和平静两极。激动是一种强烈的、外显的情绪状态,如激怒、狂喜、极度恐惧等,它是由一些重要的事件引起的,如突如其来的地震会引起人们极度的恐惧。平静的情绪是指一种平稳安静的情绪状态,它是人们正常生活、学习和工作时的基本情绪状态,也是基本的工作条件。

此外,情绪的程度有强、弱两极。从愉快到狂喜,从微愠到狂怒,就是情绪从弱到强的转换。在情绪的强弱之间还有各种不同的程度,如在微愠到狂怒之间还有愤怒、大怒、暴怒等不同程度的怒。情绪强度的大小往往取决于情绪事件对个体意义的大小。

(三)情绪的基本功能

情绪有其自身存在的功能,以下就是几个最基本的功能。

1.适应功能

情绪是人类早期赖以生存的手段。婴儿出生时,还不具备独立的维持生存的能力,这时主要依赖情绪向外界输送信息,以便让成人明白自己的意思,满足自己的需求。成人也正是通过婴儿的情绪反应,及时为婴儿提供各种生活条件。在成人的生活中,情绪的适应功能更为明显。人们可通过情绪反映自己的生活适应状况,如通过愉快表示适应良好,通过痛苦表示适应不良。人们还通过情绪、情感进行社会适应。例如,用微笑表示友好;通过表情维护人际关系;通过察言观色了解对方的情绪状态,以便采取适当的、相应的措施或对策等。

2.信号功能

情绪通过面部肌肉运动模式、声调和身体姿态变化所构成的表情来实现信息传递和人际间相互了解。这就和语言一样具有传递信号功能。其中,面部表情是最重要的情绪信息媒介。

在人们的社会生活中,有许多场合,只能够通过表情来传递信息,如微笑表示赞赏,用点头表示默认等。表情也是语言交流的重要补充,如手势、语调等能使言语表达得更为明确和确定。从信息交流的发生上来看,表情的交流比语言交流要早得多,如在婴儿时期,婴儿与成人相互交流的唯一手段就是情绪。

3.动机功能

情绪是动机系统的一个基本成分。它能够激励人的活动,提高人的活动效率。适度的情绪兴奋,可以使身心处于活动的最佳状态,进而推动人们有效地完成工作任务。研究表明,适度的紧张和焦虑能够促使人积极思考和解决问题。同时,情绪对于生理内驱力也有放大信号的作用,成为驱使人们的强大动力。例如,人们在缺氧的情况下,产生补充氧气的生理需要,这种生理驱力并不能激励人的行为,但是,这时人们产生的恐慌感和紧迫感会放大和增强生理内驱力,使之成为行为的强大动力。

4.组织功能

情绪有自己的发生机制和发生、发展的过程。斯洛夫认为,情绪作为脑内的一个检测系统,对其他心理活动具有组织的作用。情绪的组织作用主要包括对活动的促进或瓦解作用两方面。一般来说,积极的情绪起到协调、组织的作用;消极的情绪起到破坏瓦解或阻断的作用。当然,不同性质和不同强度的情绪起着不同程度的组织和瓦解认知活动的作用。

情绪的组织功能体现在对认知操作的影响上,也体现在对记忆的影响上。当人处在良好的情绪状态时,有利于人的认知操作,也更容易回应那些带有愉快情绪色彩的材料,而痛苦、恐惧等消极情绪不利于人的认知操作,也会干预记忆。情绪也会影响人的行为。人的行为常被当时的情绪所支配。当人处在乐观积极的情绪状态时,倾向于注意事物美好的一面,态度和善,乐于助人,并勇于承担。而消极情绪状态则使人产生悲观的意识,失去希望与渴望,也更易产生攻击性。

二、中小学生的情绪发展特点

情绪是中小学生心理活动的一个重要方面。在小学阶段和中学阶段,个体的情绪发展表现出了各自的特点。教育者只有尽可能了解学生情绪的种种特点,才能更好地认识青少年的情绪表现,从而采取有针对性的辅导意见。

(一)小学生的情绪发展特点

进入小学后,儿童的认知能力慢慢提高,学习环境发生改变,主要活动形式从游戏转入学习。这些改变使小学生的情绪也得到了显著的发展,具体表现在以下几个方面。

1.情绪的稳定性逐步增强

儿童进入学校以后,在集体生活和独自学习活动的影响下,控制、调节自己情绪的能力开始发展起来。虽然小学生的情绪仍然具有很大的冲动性,他们还不善于掩饰、控制自己的情绪,尤其是小学低年级学生的情绪经常变化和反复无常,情绪转化迅速,当出现新异刺激时,最初会产生强烈的情绪,但随着这类刺激的反复出现,情绪就会迅速减弱,甚至产生相反的情绪。不过,与学前儿童相比,小学生的情绪已开始逐渐内化,稳定性逐步增强,冲动性和易变性逐渐减少。小学高年级学生已逐渐能意识到自己的情绪表现以及随之可能产生的后果。由于小学生还没有面临繁重的学习压力,所以他们的基本情绪状态是平静而愉快的。

2.情绪的内容越来越丰富

小学生的主导活动不再是游戏活动,而变成了学习活动。于是,大量与学习活动和学校有关的事物出现在小学生的生活中。于是,小学生的情绪体验普遍与学习活动相联系。完成各项学习任务,如写作业、背诵课文等,成为小学生最主要的需要。学习任务完成得顺利,满足了需要,小学生就会迅速产生愉快的情绪体验;反之则会产生消极的情绪体验。小学生是在学校、班级这样的集体中学习和生活的,所以,他们在集体中的地位,与同伴之间的关系,与教师之间的关系,以及学校、班集体对个人的要求和评价等,都会引起小学生复杂多样的情绪体验。显然,小学生情绪的内容越来越丰富。

此外,小学生的各种高级情感也得到了一定的发展。高级情感主要是指道德情感、爱国热情、政治情感、美感等。高级情感的加入及不断丰富更加充实了小学生的情感世界。小学生在加入少先队后,逐步接受一些共产主义道德观念的教育,加上学习了品德与生活、品德与社会、科学等课程,他们的情感体验就和国家、民族、社会等大集体联系起来。他们也会被历史上民族英雄的舍己为人、模范人物的坚毅顽强、科学家的刻苦钻研等崇高精神所感染,产生热爱祖国、热爱人民的情感。小学生在各种各样的班集体活动、少先队活动、社会公益活动中,能感受到个人与个人、个人与集体的关系,逐渐养成团结、友爱、互助、爱劳动、有集体荣誉感、有责任感等良好的个性品质。这样,小学生情绪的内容也便日益丰富起来。

3.情绪的深刻性不断加强

与学前班儿童相比,小学生的情绪不但在内容上更为丰富,在深刻性上也不断加强。例如,对于惧怕这一情绪体验,学前儿童主要是怕人、怕物、怕黑、怕吃药打针等具体的事物;而小学生虽然也同样怕这些具体的事物,但更多的是对学校中一些事情的恐惧,如怕学习成绩太低,怕老师的批评,怕同学的嘲笑等。再如,面对父母临时不能陪自己去游乐场这件事,学前儿童可能会愤怒,而小学生可能会因了解到父母不能去的原因而只是感到失望。这就是情绪体验深刻性的加强。从上述可以看出,小学生情绪深刻性的品质是和他们对有关事物的认识水平密切相关的,这种认识水平又取决于他们对该事物的知识经验。小学生随着接触事物的增多,头脑中形成的经验就越多,对事物产生的态度体验就会变得深刻。

到了小学高年级后,在独立学习和集体生活的锻炼下,小学生在一定程度上已能克制自己的一些欲望,努力克服困难去完成自己的任务,形成一定的理智感,也已逐步开始理解自己对集体、对他人、对社会负有的一定责任。这些也都能说明小学生情绪的深刻性在不断地增强。

(二)中学生的情绪发展特点

中学时代是人生发展的关键期,此时,个体正处在青春期,生理上,第二性征的出现带来了性的觉醒,身体出现较大变化;心理上,自我意识萌芽,自我感知和独立意识逐渐增强。这些变化使中学生的情绪体现出了如下几大特点。

1.情绪不够稳定,具有两极性

由于中学生的认知能力和意志品质较弱,他们的情绪来得快也去得快,并容易随着认知标准的改变而改变,出现不稳定的状态。可能今天情绪高涨、精神振奋,明天就陷入低落和抑郁。同时,由于中学生自我意识的发展,他们对自己的优缺点都十分敏感,有时会过高地估计自己,有时又会为自己的缺点和不足担心,因此,情绪常常非常不稳定,容易从一个极端走向另一个极端。例如,取得某一方面的成功时,欣喜若狂,沾沾自喜;一旦失败,又垂头丧气,陷入苦恼而悲观的情绪状态。他们容易动感情,也容易激怒,甚至会由于一时的冲动而不顾一切。

2.情绪体验丰富而细腻

进入中学阶段,学生的情绪体验会明显丰富和细腻起来。尤其是与自我相关的各种情绪和情感,如自卑、自豪、自尊、自负、自重等都迅速发展起来。他们能体验到许多深刻而细腻的情感和情绪变化;他们能领会故事或小说中人物的情感发展过程,领会当事人的心境和感受;他们也开始注重维护自己与身边人的关系,学会体谅对方,体察对方的感受和心情。

3.情绪调节能力增强,情绪具有半外露、半隐蔽性

在进入中学之前,个体的情绪往往具有明显的外露特征,喜形于色,他们的真实情绪被人们一下子就看出来了。进入中学之后,个体的认知水平和智力水平都得到了很大的提高,意志力也大为增强,于是,他们出现某种情绪尤其是消极情绪时,不再每次都表现出来,情绪的表露越来越带有文饰、内隐的特点。他们开始有意识地调节自己的情绪,尽可能先用一定的手段让自己的情绪得到控制和调节。当然,中学生的调节、控制能力还是有限的,所以情绪总体上呈现半外露、半隐蔽的特点。

4.情绪理解力增强,表达趋于理性化

与小学生相比,中学生在看问题时更为理智,对于自己或他人产生的情绪会有深层次的认识,会考虑到这种情绪产生的原因。他们对别人特别是朋友的情绪特别敏感,对情绪的理解也较为准确。此外,随着年龄的增长,他们开始注意按照社会规则表达情绪。他们开始注重自己的个人形象,关心别人对自己的看法,因此会尽可能地使自己的外在表现得得体、合适一些,不会因为自身情绪做出一些有损形象的表情和行为来。

第二节　中小学生消极情绪的调适

消极情绪往往有两个主要特征:一是有过于强烈的情绪反应;二是消极情绪反应持续得时间过长。中小学生伴随着身体的不断变化,情绪变化也比较强烈,一旦某种消极情绪没有得到及时的调节,很容易长久地陷入那种情绪中。这种消极情绪对中小学生的身心都有极大的伤害,所以必须及时进行调适。愤怒、恐惧、抑郁、冷漠是中小学生常见的几种消极情绪,以下对这几种情绪及其调适进行一定的分析与论述。

一、愤怒情绪及其调适

(一)愤怒的认知

愤怒是人们的主观愿望与客观事物相悖时产生的一种强烈的情绪反应。发怒是人的天性,所以愤怒本身并没有什么不妥。"挫折—攻击"理论就认为,愤怒来自于期望落空。人的愤怒大部分来自于对生活中的不满及挫折,只是我们多数时候不能理智地找出原因,并采取合理的解决方法。也就是说,愤怒或者攻击性行为实则是表达挫败感的一种方式。在临床心理学上,愤怒常常被认为是维护自尊的自我保护。在自尊感受到伤害时,人会愤怒,以停止伤害,维护自己的价值感。此外,弗洛伊德认为,压抑愤怒会导致抑郁,如果不及时发泄怒气,愤怒内化,就会变得抑郁。

不过,愤怒毕竟是一种消极的情绪。其十分耗费人的精力,如果胡乱发泄愤怒,愤怒的强度过大,且经常处于愤怒情绪中,必然会对人的身心造成很不利的影响。首先,发泄愤怒,当时痛快,过后往往会有后悔之感;其次,愤怒会让他人害怕与你相处,导致你的人际关系变差;再次,愤怒往往会给别人留下蛮不讲理的印象;最后,长期愤怒会导致各种身体疾病,如胃痛、高血压、心血管疾病等。

(二)愤怒的调适

愤怒总体上是弊大于利的,所以,为了中小学生的身心健康,应帮助他们调适这种情绪。对此,学者们一般认为,调适愤怒情绪可以分两个层次:一是以情绪为焦点,包括把怒气发泄出来、压抑下来或干脆逃避;二是以问题为焦点,在认识到引发愤怒情绪的根源是什么的基础上,针对症结,设法解决。正如美国精神医学会所指出的,减少怒气引发的情绪和生理激动,避免因此而反应失控,如此才能理性、平和地,进一步从根本上去解决造成人们愤怒的问题。

面对中小学生的愤怒情绪,教育者可从以下几个方面做出努力。

1.让学生变得更为明智

教育者应当通过各种方式方法帮助学生建立合理的认识,让他们变得更为明智。例如,人和人是生而平等的,同学之间应该友爱、尊重。为一点小事就大发脾气,是不尊重他人的行为。如果自己不尊重他人,他人反过来也不会尊重自己。此外,发怒是不能解决问题的，只能引起相反的结果，使矛盾激化，加深怨恨。在发怒之前，最好想一想后果是什么，这样更容易让怒气平息。

2.提高自制力

容易发怒的学生，往往没有较强的自我克制力，神经的转移不够灵活，性格外倾，遇事容易冲动。这就需要学生注意在生活、学习中有意识地磨炼自己的自制能力。比如，让他们试着读自己不喜欢的书，一点一点地读，强迫自己读，看不下去就休息会，休息完继续读，循环下去，慢慢就会发现读这本书并不是一件很烦的事。这就是锻炼自己自制力的一种方法。

3.学会宽容

发怒很多时候是在别人做错事的情况下发生的。所以，教育者应该让学生认识到"人非圣贤，孰能无过"，且过错的原因未必是其他人主观意图不正。所以，要学会宽容。同学之间，不要睚眦必报，斤斤计较。宽容别人，你的朋友会越来越多；宽容别人，也会给自己带来快乐。

4.转移注意力

中小学生的情绪容易爆发，动辄怒气冲天的人，一旦发起火来，使其强行控制发怒是很困难的，而且长此以往，也不利于身体健康。所以，教育者可通过转移他们注意力的方式，调适他们的愤怒情绪。例如，学生在感觉要发怒时，马上走开，或翻翻书，或哼哼歌，或散散步，看看风景，这样有利于平息愤怒的情绪。

二、恐惧情绪及其调适

(一)恐惧的认知

恐惧是对来自想象和现实中的威胁的一种应激反应，是个体在生活中预感到一些可怕的、可能造成危险的、需要付出努力和代价的事物将要来临,而感到自己无法采取有效措施加以预防和解决而产生的不安、恐慌的情绪体验。中小学生的恐惧情绪也是常见的。那么,中小学生到底害怕的是什么?格拉齐亚诺通过研究表明,儿童主要对动物、黑暗和想象物产生恐惧感,而随着年龄的增长以及学校环境的影响,他们开始对学校和社会的恐惧感增加。在一些对学生的访谈中,教师发现大多数学生对考试比较恐惧,尤其是临考前和考试成绩没出来前,他们的恐惧情绪明显。在各种大大小小的比赛前,学生的紧张与害怕也是常见的。此外,害怕好朋友不理睬自己了;害怕不会做题,被老师嘲笑;害怕在同学面前出丑;害怕爸爸妈妈吵架闹离婚;害怕自己的秘密被朋友泄露出去;害怕被同学欺负;害怕交通安全事故;等等。这些都是学生恐惧的事情。

(二)恐惧的调适

恐惧具有两面性,一方面有警示作用,能提高个体的适应性;另一方面如果个体长久地陷入恐惧情绪而不能自拔,行为上就会出现退避、消沉等情形。因此,需要有效地调节和应对恐惧。

丹麦哲学家斯隆·契克格达认为:在我们面临发展自己的可能性时,都会产生一种向往的心态,如果没有这种紧张不安、跃跃欲试的冲动,任何成功和进取都是不可能的。回避恐惧不可能使问题得以解决、担忧得以消除,我们依然要处于恐惧的状态下,去作胜败未卜的追求或探索,只要坚持去做,到一定时候,就不会产生害怕、担心等情绪了。因此,消除恐惧的最好方法是正视它,并且全身心投入。面对中小学生的恐惧情绪,应注意通过以下途径进行及时调适。

1. 正确面对与认知

中小学生在出现恐惧情绪时,要勇敢地去面对那些恐惧之物,从而认识到自己的恐惧是没有必要的。勇者不是不会感到害怕,而是在害怕之上学会判断和思考。逃避不会产生任何效果，唯有面对人生，积极挑战自我，走自己的路，才能成为你想成为的人。

2.自我言语诱导

从某种意义上来说，有时候，恐惧是自己吓自己。所以，中小学生可以通过自我言语诱导的方式消除恐惧。比如，当自己打算参加某项活动而又心存恐惧时，就对自己说："我不怕，我能做好这件事！"自己所说的话语往往能影响自我感觉，从而明显改变恐惧心理。

3.做一些简单的行为调节方法

当出现恐惧情绪时，中小学生也可以通过一些简单实用的方法来应对。例如，双目紧闭，集中心力默算，从"100"开始逐渐地减去"3"，持续 5～8 分钟，或者算报刊、书籍上某页共有多少个字。这种"分神式自我调节法"往往有非常好的效果。

4.通过再现消除恐惧

个体最初对某种情境的恐惧，通常会快速地积累成大量的恐惧能量。如果在当时没有得到表达和疏泄，这些能量就会留在体内，时间久了，头脑可能会忘掉它，但身体会一直记着，并在潜意识层面影响个体的行为。直到有个空间能够安全地体验和表达这些恐惧，恐惧的能量才得以释放，身体的记忆才被改写。所以，教育者可引导中小学生采用自由联想法对过去经历中被遗忘了的创伤体验即原始冲突加以回忆，并再现到现今的意识中重新领悟，最后真正释放恐惧，消除恐惧的情绪反应。

三、抑郁情绪及其调适

(一)抑郁的认知

抑郁是一种感到自己无力应付外界压力而产生的消极情绪，

常伴随忧愁、厌恶、痛苦、自卑、羞愧等情绪体验。其实,人人都体验过抑郁情绪,只是大多数人的抑郁情绪都是很短暂的,很快就过去了,心态恢复平静。如果长期处于抑郁状态,就可能导致抑郁症。抑郁症主要表现为:情绪低落,思维迟缓,郁郁寡欢,自卑自责,对什么事都提不起兴趣,不愿社交,喜欢独处,并伴有食欲减退、失眠等情况。这些都会对人的身心健康造成极大的伤害。

近年来,随着人们对心理健康的关注,中小学生出现抑郁症的情况被越来越多地报道出来。影响中小学生抑郁的因素有很多,除了与个体的人格因素有关外,还与在生活中曾遭受过意外和重大挫折有关。在中小学生中,学习成绩落后、疾病的发生、人际关系不和谐、父母情感不和等,都是诱发抑郁情绪的重要因素。当然,遭遇挫折并不必然导致抑郁,抑郁的发生关键在于一些中小学生不能正确认识一些负面性事件,以及不能合理评价自我价值。安德鲁斯和布朗通过研究认为,青少年的自尊可以有效地预测抑郁的发展,低自信的个体抑郁水平较高;纳蒂也认为,青少年的自我认知与抑郁相关,自责和受别人责备后的自我认知方式与抑郁之间显著相关,同时发现,青少年抑郁和认知、自责、反思等有高度的相关关系。总的来看,中小学生的抑郁是自身特征与环境等多方面因素综合作用的结果。

(二)抑郁的调适

抑郁情绪对中小学生会产生较大的不利影响,所以教育者一定要重视这种情绪,努力引导中小学生调节这种情绪。具体来说,可以采用以下几种策略。

1. 正确认识抑郁及其原因

中小学生在出现抑郁情绪时,可以先静下心来,想一想引起这种情绪的原因是什么。不管是什么原因,应把引起抑郁的各种刺激当作一种正常现象,没有必要过多重视它,尽可能不去想它。要把精力集中于自己当前应做的事情上,形成注意中心。随着这种注意中心的形成和不断巩固,抑郁情绪就会慢慢淡化。总之,要正确对待周围环境,调节自己的行动,改变自己的某些思想和做法。

2.加强个性锻炼

中小学生正处于非常美好的成长阶段,所以应当保持一份乐观的心态。一切要向前看,开朗、活泼、微笑地对待生活;要有博大的胸怀、高雅的气量。当自己具备了这样的个性品质时,就会更有自信心,更有胆量迎接生活的挑战。

3.多参加积极有益的活动

中小学生在体验到自己的抑郁情绪时,活动起来,采取新的有效行为是最好的。首先,要注意多安排一些能使自己愉快的活动,大至约一个朋友出去旅游,小至舒舒服服地泡一个澡。患有抑郁症的人往往会认为自己没有资格享受欢乐,甚至觉得享受欢乐有罪,尤其是在发现他们未能像往常一样完成日常工作任务时,更容易产生这类想法。在这种情况下,可以利用写日记来帮助自己跳出内疚的牢笼。其次,可以安排一些能使自己恢复精神的活动,如步行去商店、参加体育活动或与朋友散步等。最后,寻找一些比较有吸引力的活动。被某种活动所吸引,能帮助个体从沮丧的心情中解脱出来。所以,有抑郁情绪的学生在读书难以专注时,不妨浏览一本喜欢的杂志或看一部喜欢的电影。

4.建设良好的人际支持系统

相关研究发现,导致中小学生抑郁的原因与失落、变动,以及缺乏亲密的支持性的人际关系相关,因此对中小学生的抑郁进行调适,改变他们的人际关系非常重要。无论是亲戚、老师、同学或朋友,都是防止抑郁的最重要保证之一。如果你还没有这么一种亲密的可以依靠的人际关系,你的朋友也不能向你提供能帮助你防止抑郁的感情支持,你就应该想办法开始建立这样的支持关系。需要注意的是,可靠的人际关系不应该是溺爱式的关系。家长、教师不应该支持过度,而是要让学生自己有一个成长空间。当然,最好是以轻松愉快的方式沟通交流,找到一个合适的相处状态。

四、冷漠情绪及其调适

(一)冷漠的认知

冷漠是情感的萎缩,是人们对周围世界的一种自我保护性的形式,是内心世界与外部环境不协调的反应,表现为对外界刺激漠不关心、冷淡、退让。具有冷漠情绪的中小学生,不能深入到学校集体生活中去,不能与老师及同学的心灵相沟通。他们的内心生活暮气沉沉,死水一潭,对周围的一切采取漠然视之、麻木不仁的态度。

引起中小学生冷漠情绪的原因很多,主要原因往往与个人经历与性格特点有关,如从小缺乏父母关爱、与家人关系冷淡疏远、家庭矛盾尖锐、气氛紧张、自己的努力得不到承认、好心得不到理解等。通常情况下,当个体在不堪承受的挫折压力下,自己努力改变的行为无法实施或行为无效,且又看不到改变境遇的可能时就有可能产生冷漠情绪;个体长期反复遭受到相同或相似挫折却又无力改变时,也可能会采用退让、逃避、冷淡的方式来进行自我保护,从而产生冷漠情绪。

(二)冷漠的调适

实际上,冷漠的背后是爱的缺乏,因而改变冷漠就是要从身边的小事做起,寻找更多的爱。例如,每天问候一声父母;多给同学一个微笑;多为班级集体做一件好事;多看一眼今天明媚的阳光等。这样做自己并不会为此而失去什么,得到的却是爱与热情所带来的充实和快乐。具体来说,以下几种方法可有效调适中小学生的冷漠情绪。

1. 多与人交流

交流不仅是克服冷漠的良方，也是攻克情感障碍的武器。人是具有社会性的动物，彼此之间是需要交流的，尤其是性格内向的学生更应该主动走出自己的情感世界，与同学、老师多交流、多沟通，获取理解、信任，打开闭锁的心灵，接纳自己和他人。

2. 正确认识到生活中的挫折和不幸

人的一生中难免有不如意的事情，遭遇挫折和不幸是正常的事情，不能因为遭遇了几次挫折和不幸就一叶障目、失去信心，而是要勇敢地面对并战胜挫折和不幸，坚信明天会更美好。正如俄国诗人普希金说的："假如生活欺骗了你，不要忧郁，也不要愤慨。不顺心时暂且忍耐，相信吧！快乐之日就会到来。"

3. 多接触大自然和欣赏艺术品

具有冷漠情绪的学生，可多在户外活动，接触大自然，呼吸新鲜空气，让心中的苦闷和忧愁早日消除。另外，欣赏艺术作品，如文学、音乐或美术等，都蕴涵着让人不得不佩服的魅力，有益于消除冷漠。中小学生可以多欣赏艺术品。

4. 积极参加并体验多种活动

中小学生正是朝气蓬勃的时候，要主动积极地投身于各种活动之中，聚精会神、全神贯注地去做，在活动中去体验、去感受生活的丰富多彩和快乐，克服以往被动、逃避的不良习惯。

第三节　中小学生积极情绪的培养与发展

积极心理学领军人物、心理学家芭芭拉·弗雷德里克森认为，"消极情绪有时候叫嚷得比积极情绪响得多。它可以迅速地把你拉上一个恶性循环，把你和你对未来的展望都削弱了。为了修正航线朝向积极情绪，比起对于那些引发你积极情绪的事物进行的少量而模糊的回忆，你需要更多。"因此，她建议每个人经常回顾那些引发自己积极情绪的事物，提醒自己生活中好的方面，从而为个体注入活力，并自己找回通向积极情绪的良性循环的道路。对于中小学生来说，关注他们的情绪问题，不如关注他们积极情绪的培养与发展。这就需要努力帮助学生感受快乐情绪，唤醒学生对日常生活中快乐时光的回顾，并建立起积极的情绪链接。具体来说，培养中小学生积极的情绪，可在以下几个方面做出努力。

一、帮助中小学生接纳正常情绪

不愉快的心情并非伴随的都是消极情绪，如果表现出来的情绪与所遇事件相一致，就属正常的情绪。如果被欺负了，有愤怒是正常的；如果亲人离世了，有悲伤是正常的；如果遇到抢劫，有恐惧是正常的。当你的情绪体验符合客观事件时，第一时间暗示自己：我现在的情绪是正常的，这样一暗示，情绪张力就会下降，内心自然恢复平静；如果在相应的事件发生时没有相应的情绪，那反而不正常了。当然，如果你时时刻刻都处在坏心情中，总是在愤怒、悲伤、恐惧等，那就是消极情绪了，说明你的心态甚至人格存在一定的缺陷。

二、辩证地看问题，寻求事物积极因素

人们往往对同一个问题会有不同的看法。经验表明，看问题片面化、绝对化、静止化的人，容易产生消极情绪。片面化地看待问题，即以点带面，以偏概全，只见树木，不见森林。比如，学习不好的学生就不是好学生，这种片面的观点使学生失去自信，使他

们相应地在其他方面也不能好好表现。再比如,当一个老师批评了一个学生的时候,这个学生片面化看问题,就会认为自己不受老师的喜欢,甚至认为所有人都不喜欢他,所以整天闷闷不乐。绝对化地看待问题,即追求绝对真理,绝对准确,绝对公平,绝对完美。比如,两个学生都回答出来了一个比较难的问题,其中一个学生得到了老师的表扬,而另一个学生没有,这时没有受到表扬的学生就断定老师不公平,因此产生负面性情绪。静止化地看待问题,即总以为目前的境遇就是最终结果,不往前看。其实,塞翁失马,焉知非福。比如,有的学生遭受一次挫折,就一蹶不振,觉得自己再也不会成功了,就此放弃了努力,这就是将问题静止化。

其实,对于一个问题,完全可以以辩证地态度来对待。当辩证地看问题,并寻求事物的积极因素时,就不会让自己陷入消极的情绪之中了。首先,应变片面为全面,这个方面不好,可能有另外一个好的方面。一个学习不好的学生可能非常喜欢劳动,人际关系很好。老师对一个学生的批评可能是因为喜欢和关注。其次,世界上没有绝对的真理,也没有绝对的公平,要把绝对变为相对。最后,变静止为发展,现在不好并不代表将来不好,万事万物都在运动当中,都在发展变化当中,眼前的遭遇是暂时的,可能是黎明前的黑暗,只要振作起来,努力克服困难,未来必定是光明的。

三、努力完善积极人格

人格的健全发展是中小学生全面发展的重要方面,积极的人格是心理健康的重要标志。美国心理学家彼得森和塞利格曼在对积极人格品质进行系统整理的基础上,发现积极人格主要表现在 24 个方面,见表 7-1。

表 7-1　6 种美德和 24 种人格品质分类

美德	人格品质
智慧	创造力、好奇心、心胸开阔、好学、洞察力
勇气	正直、勇敢、诚实、热情
仁爱	善良、爱心、社交能力
正义	公平、领导才能、团队协作
节制	宽容、谦虚、谨慎、自我控制
卓越	对美和优秀的鉴赏力、感恩、希望、幽默、虔诚

这 24 种积极人格品质对于培养和完善中小学生积极人格具有重要的借鉴意义。具有积极人格的学生，对现实世界持有积极态度，乐于学习，并不断在进步；以积极的态度看待自己和他人，既有良好的人际关系又能够悦纳自我；以积极的态度对待挫折和失败，能够保持良好的情绪状态等。完善中小学生的积极人格，要在以下几个方面多加努力。

首先，教师要引导学生认识自身具有的各种积极人格特质，在学习和生活中不断深化和形成新的人格特质；同时培养学生以积极的心态解读学习和生活中的各种现象，持续一贯地对生活事件进行积极归因。

其次，引导学生通过自我认知、自我体验和自我控制，主动地进行自我调节，使人格达到完整和统一。

最后，教师、父母要发挥好榜样作用。教师的公平公正、父母的以身作则，都会对学生积极人格的形成产生潜移默化的影响。

四、增进主观幸福感

1946 年第三届国际心理卫生大会提出"有幸福感"是心理健康的重要标志之一。此后，主观幸福感在心理学界逐渐被提出来。它是指个体对其自身物质和精神生活的主观体验和评价，体现了个体对自身生活满意度的评价和当前的情感体验。主观幸福感越强，心理越健康。提高学生的主观幸福感有利于培养他们的积极情绪,也有利于提高他们的心理健康水平。至于如何增进中小学生的主观幸福感,可从以下几个方面作出努力。

第一,引导他们理解幸福的真谛。根据幸福的不同层次,学会从满足物质需要到满足精神需要、从满足生理需要到满足心理需要、从满足享乐需要向满足奉献需要,循序渐进地增强幸福感。

第二,引导学生面对困难和挫折时,改变自己的主观态度,学会恰当使用比较,如与同学比较时,要善于发现自己的特长,找到自己的优势。

第三,引导学生改善人际关系。良好的人际关系对幸福感的提升有很大的影响。首先,幸福的人更可能被别人选做朋友和信任对象,因为他们作为同伴比愁眉苦脸的人更具竞争力(具备热情、开朗等品质)。而且他们会更多地帮助别人,而郁闷的人则只关注自己,少有利他心。其次,良好人际关系满足了人的归属需要,因此令人感到幸福和满意。再次,良好人际关系使个体相信自己随时都可以得到一定的社会支持和关怀,而被支持和关怀总会让人有一种愉快的感觉,因而也就能更多地感受幸福。最后,人们常常跟与自己关系良好之人(如家人、朋友、熟人等)一起做一些彼此都感兴趣的事情,如散步、打球、玩游戏等。这些活动是双方都感兴趣的,因而能使双方在活动中相互支持,从而给双方带来愉快的体验。显而易见,人际关系与幸福感之间的影响总是双向的:幸福感会促进亲密的人际关系,而亲密的人际关系又会反过来增加幸福感。

第四,引导学生管理好自己的时间。幸福的人总感到能驾驭自己的生活,他们通常从合理支配自己的时间中受益良多。中小学生的主要任务是学习,自己支配自己的时间虽然不多,但在课余时间能利用好自己的时间也是非常重要的。会管理自己的时间的学生往往会在课余完成作业后,找自己感兴趣的有意义的事情去做,不断增长自己的见识,丰富自己的生活,保持一个积极向上的心态。

五、学会宽容

宽容不仅可以使人们原谅别人对自己的一些过失,而且可以让那些一直对生活感到不满的人停止他们的抱怨。在很多人眼中,宽容是一种懦弱的行为,是因为没有能力反击才坐以待毙的,甚至有很多人认为宽容和愚蠢没什么两样,既然别人惹到了自己,就应该去反击。其实,不是这样的,懂得宽容的人才是真正聪明的人,才是让自己快乐的人。懂得宽容的人在处理事情的时候,从来不会与别人发生不必要的争执,伤人伤己。他们知道如何做更能化解冲突,并得到他人的尊重。

在中小学生中间,总有一些学生会因为对一件事产生不同的看法而发生争执,如果每一方都互不相让,无法宽容对方,都想占据上风,结果往往会造成僵持,甚至两败俱伤,搞得双方都很不愉快。积极的情绪、快乐的生活,需要人与人之间的彼此包容与理解。所以,中小学生一定要学会宽容。

首先,要多看到别人的长处,并常存感恩之心;同时,要包含别人的不足,求同存异。中小学生在交友过程中能做到这一点,必然会给自己带来积极的情绪。因为多看别人的好处,心中常常充满着暖意,让自己心灵更敞亮、更阳光;善于包容,就能减少对人对事的消极情绪,让自己轻松愉快。

其次,善待他人,人乐我乐。善待他人,与人为善,除了是一种道德要求或交友艺术外,还是中小学生寻求快乐、培养积极情绪的重要方式。善待了他人,让他人心存感激,并因此而快乐,而情绪是可以相互传染的,他快乐了,你便置身于快乐的环境中,快乐的情绪必将对你有所感染。

六、多运动和锻炼

运动和锻炼不仅是增进人们身体健康的手段,还是培养人们积极情绪的有效方法。国外学者 Hills 和 Argyle 就曾对经常参与运动、看电视和听音乐的人以及不怎么从事这三种活动的人进行了调查，结果发现经常运动的人的幸福感显著高于不常运动的人，而在其他两种活动方式上未发现显著差异。

短期的锻炼能够带来积极的情绪状态，长期的锻炼则产生更强的幸福感。锻炼的短期效果归因于锻炼导致大脑产生的内啡肽和吗啡的释放，因为这些物质能使运动者产生一种欣快的感觉。长期锻炼带来的幸福感的持续提升是因为有规律的锻炼减少了抑郁和焦虑，提高了我们工作的准确性和速度，优化了我们的自我概念，促进了心血管的健康和机能。所以，中小学生应当加强运动和锻炼。每天锻炼 1 小时以上，整天的精力都会比较充沛，同时，也会让自身的紧张、烦恼、抑郁、恼怒、疲劳感等得以减少。如果一周锻炼四次，连续十周，那么，拥有持久的积极心理状态是很可能做到的。

第八章　中小学个体心理咨询与团体心理辅导

心理咨询的目的是帮助来访者减轻他们由于各种原因所导致的内心矛盾冲突和情绪、行为的紊乱与困扰,并帮助他们在自我认识和自我改善中达到心理健全与成熟。中小学生心理咨询,顾名思义就是在中小学开展的心理咨询工作,具体指学校内的心理咨询者面对前来求助的中小学生从心理上进行指导和帮助的过程。由于中小学生正处在心理发展的时期,会遇到各种各样的问题,尽管有时候这些问题在成人看起来是微不足道的,但是,由于他们缺乏社会经验,所以容易出现各种心理问题。中小学生心理咨询主要是帮助他们解决面临的问题,较好地完成自我发展的任务,中小学生心理咨询可以分为个体心理咨询和团体心理辅导。

第一节　中小学个体心理咨询探究

一、中小学个体心理咨询的含义和形式

(一)个体心理咨询的含义

个体心理咨询是"一对一"式的咨询,适于较深入地探讨来访者个人化的心理问题,提供深层而持久的心理支持与帮助。它在中小学生心理健康教育工作中具有非常重要的地位。

(二)中小学个体心理咨询的形式

1. 面谈咨询

面谈咨询是个体咨询中最为常见和最主要的形式，面谈咨询的特点是通过咨询师与来访者的直接交往，使问题得以解决，一般以设立门诊或咨询室的方式进行。

面谈咨询有三个优点。第一，面对面的形式使来访者可以进行充分详尽的倾诉，咨询人员在耐心倾听的基础上可以与来访者进行面对面的询问、磋商、讨论、分析。这种面对面的形式与其他形式相比更为直接和自然。第二，面谈咨询可以使咨询人员对来访者的个性、心理健康状况、心理问题的严重程度和当时的心态进行观察、了解和诊断。第三，面谈咨询单独进行，不允许第三者在场旁听，在这种情境中，来访者会很容易消除顾虑，说出自己内心深处的想法。

2. 电话咨询

电话咨询是通过电话交谈的形式进行咨询。电话咨询可以作为学校心理咨询的一种有效手段。中小学生的心理正处于发展的矛盾期，同时又具有闭锁性的特点，他们可能不愿面对面地把心理问题讲给咨询人员听，采用电话咨询的方式，在校园内开设热线电话，可以使学生们消除顾虑，向咨询人员敞开心扉，为其心理问题寻求解决的途径。目前在心理健康教育领域使用电话咨询也是比较快捷高效的方法之一。

3. 网络咨询

网络咨询是指通过互联网进行心理咨询。已经有许多学校开始利用电子邮件、自建心理健康教育网站和即时通信工具（如QQ 或 MSN）进行网络咨询。其优点突出：方便快捷且咨询时间相对自由和宽松、受学生喜爱、便于存档、隐秘性高、避免来访者产生紧张感和压迫感。但是这种咨询方式对咨访双方的计算机使用水平有要求,而且咨询师不易把握来访者的真实情况。

4.发展性咨询与障碍性咨询

学校中多采用发展性咨询,其重点在于帮助来访者更好地认识自己和社会,增强适应能力,充分开发潜能,提高人生质量,实现全面发展;其对象是比较健康、无明显心理冲突、基本适应学校环境的学生。

障碍性咨询的重点在于去除障碍和不适,其对象是具有心理疾病、心身疾病及其他各类心理障碍的学生。尽管心理障碍患者的比例极小,但在学校心理咨询工作中不容忽视。咨询师通过系统的心理咨询和治疗,帮助来访者克服障碍,缓解症状,恢复心理平衡。咨询师要注意鉴别严重精神障碍学生并及时将其转介至专科医院。

(三)中小学个体心理咨询的特点

1.心理性

心理咨询不同于其他领域的咨询(如法律咨询、管理咨询)的地方在于它具有"心理性"。来访者的困难或问题是心理、行为方面的困难或问题。例如人际交往障碍、考试焦虑与抑郁等问题。在学校环境中,许多心理问题是与学生的生活事件有直接联系的,如升学、人际交往等;但咨询师关注的是学生在面对这些问题时的心理适应问题,而不是告诉学生学习和考试的方法。

2.职业性

个体心理咨询是一种从心理上为来访者提供帮助的职业化行为,而不是一般的帮助活动。在日常生活中,人们也可以互相帮助,通过谈心交流来缓解别人的紧张情绪,缓解别人的伤感,但个体心理咨询与此不同。个体心理咨询有特定的目的和任务,有专门的理论与方法,它重在帮助人们分析内心的矛盾冲突,探讨影响其情绪和行为的原因,协助他们进行自我改变,而不仅仅是人与人之间一般的社会交往。

3.成长性

通过个体心理咨询,来访者减少内心的矛盾和冲突,从不能正确对待自己和他人到学会正确对待自己和他人,从不善交往或具有社交焦虑的困扰到学会怎样与他人和谐相处,以致最终在生活的各个领域发展个人的潜能。这些都是来访者在个体心理咨询过程中实现的学习和人格方面的成长。

二、中小学个体心理咨询的基本过程

中小学个体心理咨询的过程包括以下几个阶段。

(一)开始阶段

开始阶段是心理咨询的第一步,它在整个心理咨询过程中有十分重要的基础性作用,直接影响其后续阶段的效果。开始阶段需要完成的主要任务有以下几项。

1.建立咨询关系

咨询关系的发展和建立是渗透在各阶段围绕基本工作内容的互动中进行的。但是,在咨询进程的初期,关系的建立显得特别重要。咨询者与来访者要建立起信任、真诚、接纳的咨询关系。要建立起积极的咨询关系,需要咨询者做到以下几点。

第一,通情,通情包含着"换位"的意思,是咨询师能够设身处地地去体会来访者的内心感受,对来访者情况心领神会,用别人的眼睛看世界。通情包含同情的成分,但又不仅是同情。通情不仅有同情,更有理解。由于通情,来访者感到自己被理解和接纳,这样有助于建立良好的咨询关系。

第二，无条件积极关注。无条件积极关注指的是咨询师不以评价的态度对待来访者，不依据来访者行为的好坏来决定怎么对待来访者，无条件地从整体上接纳对方。

第三，真诚。真诚有两层含义：一是咨询师真实地展现自己；二是真诚地对待来访者。这样，来访者在咨询关系中对他能够看得真切，能体会到咨询师是毫无保留的。恰当地表达真诚，不仅是一种技术，更是一种艺术。真诚能带来信任和喜爱，同时咨询师的真诚具有榜样作用，能够鼓励来访者更开放坦率地面对自己。

2.掌握来访者的资料

掌握资料、搜寻资料是整个咨询工作的基础，是咨询者分析问题、实施诊断和提供劝导帮助的依据。通常而言，咨询者应该对来访者的个人基本情况有所了解，而且要对其的心理问题有所了解。

3.分析诊断，确定咨询目标

掌握了来访者的具体资料之后，就要对其各种问题进行分析和诊断，了解他们的问题类型，然后在诊断正确的基础上来确定咨询的具体目标。

(二)劝导与帮助阶段

在经过开始阶段后，心理咨询进入实质性解决问题的阶段，即劝导与帮助阶段。一般来说，这个阶段所需的时间占整个咨询过程的三分之二左右。这一阶段的主要任务有以下两项。

1.选择咨询方案

解决来访者的心理问题通常有多种方法，如考试焦虑的治疗可以采用自信训练进行自我调整，也可以运用放松疗法进行调控，还可以考虑运用系统脱敏法或多种方法综合矫治。究竟选用何种方法最为合适，这里要求咨询者慎重筛选，更重要的是要与来访者共同磋商。只有双方进行充分的沟通和交流，才能选出让双方都可以接受并且有效的咨询方案。

2. 实施劝导帮助

与来访者共同选择了咨询方法并制订实施计划后，就进入了劝导与帮助的实施过程。在此过程中，不同的咨询方法有相应的不同做法。由于心理问题的复杂性、多变性，咨询实施过程有长有短，关键在于咨访双方互相合作、彼此信任、持之以恒，这样才能达到预期的效果。

(三)结束阶段

1. 获取评估目标

获取评估目标即对整个咨询结果进行总结性评价。总结性评价不仅有助于来访者巩固咨询收获，增强自信心，也有利于咨询师的专业能力的提高。

2. 处理关系结束的问题

在即将结束咨询关系之际，双方会对对方、对双方关系产生一种分离焦虑。对于这种反应需要做一些讨论，一方面要让来访者树立独立处理自己问题的信心。另一方面，咨询师要向来访者保证自己对他是开放的，可以随时与他取得联系或者再来访。也有不少咨询是采取逐渐增加来访间隔时间来逐渐过渡到终止咨询关系的，比如由每周一次会谈改为两周一次，一个月一次，等等。

3. 为学习迁移和自我依赖做准备，要花一定时间与来访者讨论

在离开咨询后一段时间里如何自我依赖，并运用在咨询中获得的收获处理新问题。有时候这涉及做出一个大致计划：双方设

想可能出现的情况,并找出来访者的应对方式。考虑让来访者在自己的环境中发展和维持某种支持关系(比如与家人或朋友)也会是有益的。有些来访者报告说他们在遇到新问题时会"在脑子里与咨询师交谈",这种方法作为向完全自我依赖的一种过渡,也未尝不可。

4.做一些带有社交色彩的交流

最后一次会谈,常会比较轻松。在各项任务完成之后,双方做一些带有社交色彩的交流。有的咨询师送给来访者一份小礼物,作为一段共同工作的纪念。一件必要的工作是安排随访,可以交换地址、电话号码,也有计划好具体随访日期的。在一些简短咨询中,最后会谈常只占较少时间,而把整个结束评价工作合并在一次会谈中做完。

三、中小学个体心理咨询的基本原则

(一)主动自愿原则

主动自愿原则指的是每一次咨询都是以来访者主动前来寻求帮助为前提,咨询师不能以任何形式强迫来访者接受或维持心理咨询。这一原则是由心理咨询的自助目标决定的,也是由咨询过程中双方关系决定的。来访者必须意识到自己的困惑和问题,有自我改变的愿望和动机,并积极主动寻求帮助,这才有可能达到咨询的效果。

(二)成长性原则

咨询师对来访者的思想和行为表现不予任何是非判断,而是鼓励对方自己去判断。然后与其共同商讨该怎么做和不应该怎么做,与他共同分析探讨解决问题的途径,以及哪个途径最有利于问题的解决,最终由来访者自己得出结论。但值得指出的是,由于中小学心理咨询面对的是正在成长中的青少年，他们的人生观、世界观还没有形成，缺乏分析问题解决问题的能力，缺乏自我调整与调控的能力，所以成长性原则在中小学生中需要灵活运用，还需要教育发展原则来补充。

(三)信任信赖原则

研究表明，人在一种尊重信任的气氛中将会有发展积极态度的倾向，中小学生心理上出现的很多问题往往是由于不良的人际关系或不良文化环境等外在因素造成的，一旦消除了不良的人际环境就会减轻乃至消除其心理困扰，咨询人员信任的态度会使他们有信心解决自身的心理问题。

(四)教育发展原则

中小学生的心理问题有些是不良环境造成的，有些是由于其缺乏判断是非对错的能力、心理发展不成熟、自控能力较差或缺乏社会经验等内在因素造成的。对于后者，咨询师有必要对其进行教育和指导，使其向着更成熟、更社会化的方面发展。对这样的学生，咨询者在态度上应友善温和，但同时适当地给予严格的限制。

(五)保密性原则

咨询师要严格遵守心理咨询的保密性原则，这是心理咨询的基本原则，也是心理咨询的通用原则，是咨询人员最基本的职业道德，是取得咨询良好效果的保证。如果心理咨询师违背了保密性原则，后果的严重性将不堪设想。

四、中小学个体心理咨询的常用技术

中小学个体心理咨询过程中需要用到以下几种常用技术。

（一）积极倾听

倾听是一个主动的过程。不管咨询师是否运用关注技巧、鼓励、释义或总结，都必须全神贯注地投入会谈过程中去。通过运用这些准确的倾听技巧，可以让来访者觉得他们被理解，从而帮助他们更为开放并做好改变的准备。

（二）询问

在心理咨询的过程中，询问是一个很重要的部分。因为有时候来访者并不总是给你提供重要的信息，有时询问是获得遗漏信息的唯一方式。

（三）观察

在心理咨询的过程中，对来访者进行熟练的观察是很重要的，可以得到许多关于来访者和咨询进展的信息。一般而言，一个经验丰富的咨询师会重点观察以下三个方面：非言语行为；言语行为；不一致和冲突。

（四）面质

面质是指咨询师质疑来访者言辞表达和行为方式中不一致的地方，进而促进来访者反思和成长的方法。例如，来访者绝对化的言辞表现在他常使用"所有人"、"总是"、"从来没有"等极端化词汇，咨询师质疑这些言辞能够促使来访者学到更正确的思维。来访者一贯的行为方式并不能使其适应环境时，咨询师可以质疑。咨询师的面质虽然不是批评、责备，但是仍然会引起来访者的反感，因此，咨询师使用这个技术时，要在充分通情的基础上进行。

（五）指导

指导就是咨询师直接指示来访者做什么和说什么，或者如何说、如何做,指导被认为是最具影响力的咨询技术之一。指导的本质在于直接造成行为改变,它明白地指示学习什么、改变什么以及如何改变、如何学习,所以指导有强烈的行为取向色彩。指导方式有如下几种:其一是指导言语的改变;其二是给予特殊的建议和指导;其三是自由联想式指导;其四是角色指导。

第二节 中小学团体心理辅导探究

一、中小学团体心理辅导的含义和类型

(一)中小学团体心理辅导的含义

团体心理辅导是在团体情境下提供心理帮助与指导的一种咨询形式,即由咨询者根据学生问题的相似性,组成课题小组,通过共同商讨、训练、引导,解决成员共同的发展和共有的心理问题。通常由一位或两位咨询者主持,多个学生参加。团体的规模因咨询目标的不同而大小不等,少则 3～5 人,多则十几人,甚至几十人。通过几次或十几次团体聚会、活动,参加成员互相交往,促进个体在交往中通过观察、学习、体验,认识自我、接纳自我,调整并改善与他人的关系,学习新的态度与行为方式,从而达到成员个人的发展和团体的改善的一种咨询方式。

团体心理辅导与个体心理咨询的共同点在于:两者目标相似,均是帮助学生自我指导与自我发展;两者的方法都是帮助学生接纳自己、增强自信;两者都强调提供接纳的、自由宽容的气氛,可以使学生自由表现自己的感情和经验,培养自我选择的责任;两者都需要咨询者熟练掌握接纳、感情反射等技术,从而使学生能够观察自己、了解自己;两者的对象都是有正常发展问题的个人,两者都针对个人的要求、兴趣与经验;两者都有益于探索个

人情绪与生活的变化,可以增进个人控制自己情绪的信心。

团体心理辅导与个体心理咨询的区别在于:团体心理辅导的情境可以提供尝试与他人交往的机会,使学生获得他人对于行为交互作用的反应与启示;在团体心理辅导的条件下,学生不仅可以得到接纳、援助,并且对别人也给予援助,这种合作的、参与的关系有利于成员之间增进亲近感。成员的相互作用可以促进互相教育、互相表明感情,使感情的意义明确而影响其行为;团体心理辅导的指导者面临的问题非常复杂。指导者必须了解学生的感情,帮助他们认识自己的感情,而且还要观察咨询的内容对其他成员带来什么影响,引导各个成员参与讨论。所以,指导者不仅要了解讨论的内容,同时还要关心成员间的相互作用及关系。

(二)中小学团体心理辅导的类型

中小学生团体心理辅导的工作重点在于发展性、教育性,预防胜于干预。因此在中小学开展团体心理辅导的类型可以根据咨询的主题划分为以下几种。

1.学业发展团体

关注的重点并不是知识的传授,而是通过创造性的活动来促进学生的思维发展和潜能开发,帮助学生发展并掌握灵活的学习方式和方法。

2.自我成长团体

通过自我探索性的活动和较为深入的分享与交流,引发学生的内在思考和领悟,帮助学生在团体中更好地认识自我、接纳自我。

3.人际交往团体

通过人际沟通与合作相关的活动和讨论分享,帮助学生学习并练习人际交往的技能,学会高效的沟通、合作技术,处理人际关系中可能出现的各种矛盾和冲突。

4.情绪管理团体

利用团体当中此时此地的体验和感受，帮助学生学会情绪管理的技术，培养学生良好的情绪表达、情绪控制和情绪管理的能力。

5.生涯发展团体

此类团体常在中学生团体中采用，通过澄清学生的价值观帮助学生更好地进行生涯的规划和管理。

从以上的分类可以发现，不同类型的团体主题之间存在交叉与重叠。但是在学校开展团体心理辅导工作，明确的主题更有利于学生的自主选择与参与。

(三)中小学团体心理辅导的特点

团体心理辅导与个体心理咨询相比具有独特之处。

1.团体心理辅导效率高，省时省力

个体心理辅导是咨询者与学生一对一进行帮助指导，每次咨询面谈需要花 50 分钟到 1 小时的时间，而团体心理辅导是一个指导者对多个团体成员，即一个指导者可以同时指导多个学生，增加了咨询人数，以节省咨询的时间和人力。从经济上来看，团体心理辅导符合经济的原则，提高了辅导的效率。

2.团体心理辅导感染力强，影响广泛

个体心理咨询的过程是咨询者和学生之间单向或双向沟通的过程，而团体心理辅导是多向沟通过程。对每一个成员来说，都存在多个影响源。每个成员不仅自己接受他人的帮助，也可以帮助其他成员。此外，在团体情境下，可以同时学习模仿多个团体成员的适应行为，从多个角度洞察自己。

在团体心理辅导过程中,成员之间互相支持、集思广益,共同探寻解决问题的办法,减少了对指导者的依赖。

3. 团体心理辅导特别适用于人际关系适应不良的中小学生

团体心理辅导对于人际关系适应不良的中小学生有其特别的作用。有些中小学生由于缺乏社会化的经验,在学校或社会中常发生人际关系方面的冲突或躲避与人接触;有些中小学生则因为缺乏客观的自我评价、缺乏对他人的信任、过分依赖或过分武断,难以与他人建立和保持良好的、协调的人际关系,这些问题可以通过团体心理辅导得到解决。

二、中小学团体心理辅导的过程

(一) 中小学团体心理辅导的筹备阶段

1. 确定团体心理辅导的目标

从组织和实施的角度看,所有的团体心理辅导必须首先确定团体的目标,而后才能设计团体活动的计划,确定规模,组成团体。团体的目标可分为内容目标与过程目标;成员个人目标与团体目标。内容目标指的是团体成立的原因,不同性质的团体有其独特的内容目标,过程目标则是团体在不同的发展过程中要达到的目标。成员的个体目标是指每个成员参与团体的个人期望;而整体目标则是指团体所有成员的共同期待。这些目标都是领导者进行团体方案设计时必须考虑的重要因素。团体成员能否从团体经验中获益,往往与他是否明白并认同团体的目标有着密切的关系。一般来说,一个具体的、积极的目标更容易得到成员的认同。

2. 确定团体的规模

团体规模的大小会影响团体中成员的沟通行为,这是许多学者都认同的事实。因为团体规模过小或过大,人数太少或太多,都直接影响团体活动的丰富性及团体成员交互作用的效果。比如,团体规模太小,容易让团体成员感到不舒畅和紧张,压力很大;而团体规模过大,人数太多,不仅会使团体沟通效果不好,因为团体成员缺少充分交流的时间,参与和交往的机会受到限制,团体凝聚力难以建立,而且咨询者也会感到很吃力,因为指导者没有精力关注到每一个团体成员的情况,无法更有效地带领团体成员对个人问题进行深入的探索和处理,使团体心理咨询变得表面化、片面化。

从年龄方面来考虑,中小学生团体人数相对要少些。

从咨询者方面来考虑,初学者和经验尚浅的人来领导团体,要谨慎考虑自己的能力,以小规模团体 5~6 人为安全。对于经验丰富、能力较强的咨询者,团体规模可稍微扩大。

从团体的类型看,开放式团体心理辅导一般人数较多,因为团体成员是流动的,为了便于成员之间有足够的交往机会,应保持一定人数。而封闭式的团体心理辅导人数不宜过多。

从问题的类型看,主要取决于团体心理辅导的目标。以治疗为目标的团体心理辅导人数不宜多,一般为 6~10 人;以训练为目的的团体心理辅导人数居中,一般为 10~12 人;以发展为目标的团体,参加者可适当多一些,一般为 12~20 人。

3.确定团体活动的时间安排

个体随其成熟的程度不同,注意力集中的时间长短也不同。通常,六七岁的学生,每次活动的时间长度以 20~30 分钟为宜;到小学中高年级时,每次活动时间则可以延长到 40~50 分钟,到成人团体时间可以在 2 小时至 3 小时之间。团体的活动次数根据团体性质不同、成员的困扰程度和介入策略不同,可以考虑在 6~12 次之间,每周活动 1~2 次。团体活动次数太少,每次活动间隔太长,或是活动时间安排不当,都会影响团体的效果。

进行团体心理辅导,一条总的原则是:在设计持续性团体心理辅导时,既不要把时间安排得太密,也不要太疏,团体聚会的时间和频率应该随着团体人数的增加而有所增加,以便使每个团体成员都可以有足够的时间将自己或他人的问题在团体中分享,使团体的功能有机会得以真正地发挥。

4.确定团体心理辅导的场所

对团体活动场所的基本要求有:避免团体成员分心;让团体成员有安全感;有足够的空间可以活动身体;环境舒适、温馨、优雅,使人情绪稳定、放松。由于不同年龄段的群体适合采取不同的团体形式,所需要的团体环境也有所不同。低年龄层的学生团体人数较少,空间不宜太大,且必须放置玩具;中高年龄层学生较能以语言进行沟通,适当的书面资料及海报等活动道具的应用可以增添活动的吸引力。

5.团体特质的设定

团体的特质是指团体是开放性的还是封闭性的,是同质性的还是异质性的。之所以要有这方面的考虑,是因为不同特质的团体对咨询者的要求及团体心理辅导过程中的问题处理方式是不一样的。

团体的特质的确应该在一开始筹划团体时就已经确定,但是,由于团体心理辅导是一个多因素、动态的流动过程,因而其特质也并不是一成不变的。比如,一个在开始是同质性的团体,团体凝聚力建立得很好,后来由于大家对团体的信任,不断有人将自己其他方面的生活经历谈出来,马上得到其他人积极而热烈的反馈,于是团体中又出现了许多有着不同生活经历和生活感受的团体成员。随着"异质"的不断增强,团体经验变得越来越充实、丰富,这就需要咨询者做出机动灵活的变动,弹性地处理,全面地配合团体成员的改变,以期在适当和正确的组合中,使所带领的团体达到最高的成效。

(二)中小学团体心理辅导的实施阶段

中小学团体心理辅导，大致有四个阶段，即团体的创始阶段、团体过渡阶段、团体成熟阶段和团体结束阶段。

1.团体的创始阶段

在这个阶段需要做的工作是：塑造温馨气氛，开始团体心理辅导；设计无压力状态下的相互认识活动；澄清成员期待与团体导向；拟定团体契约与规范；设计表层、公众我的表露；配合每次团体的主要目标的活动。

2.团体的过渡阶段

在这个阶段需要做的工作是：设计增加团体信任感与凝聚力的活动；设计引发中层次的自我表露；设计此时此地的分享活动以激发团体动力；设计成员之间的正向回馈；配合每次团体的主要目标之活动。

3.团体的成熟阶段

在这个阶段需要做的工作是：设计引发深层的自我表露；设计引发成员间的正、负向回馈；设计探讨个人问题的活动；配合每次团体的主要目标之活动。

4.团体的结束阶段

在这个阶段需要做的工作是：回到中层、表层的自我表露；让成员有机会回顾团体经验；让成员彼此给予与接受回馈；让成员自我评估进步情形与团体的进行状况；处理离开团体的情绪与未竟事务。

(三)中小学团体心理辅导的评估阶段

为确保团体的有效进行，团体领导者应具有评估团体进行状况与随时保持调整的弹性。通过针对团体带领前、带领时的过程评估，与团体带领后的总结评估，来修正团体方案，使团体方案符合团体成员的需求和团体的发展状况。常见的评估方法主要包括以下两种。

1. 心理测验

团体心理辅导咨询的效果评估中，运用信度和效度指标较高的心理量表，可以对比团体心理辅导实施前后团体成员在情绪、态度和行为上的改变，从而对于团体心理辅导效果有一个量化的了解。

2. 问卷调查

团体领导者可以根据团体的特点设计一系列有针对性的问题，用于搜集团体成员对咨询过程、团体成员、团体气氛和团体领导者风格等方面的反馈。问卷调查既可以在团体结束后进行，也可以在每次团体聚会结束后使用，帮助领导者及时、灵活地调整团体咨询的方案。

三、中小学团体心理辅导的开展形式

综合团体辅导相关理论和团体领导者的实践经验，在中小学开展团体心理辅导常用的方式有心理游戏和心理剧。

(一)心理游戏

心理游戏，指依据人心理发生、发展的规律，设定一系列游戏并进行筛选、分类、归纳、创新，使之系统化、逻辑化、形象化，达到改进不良心理状态，塑造健全人格，使人健康发展的一系列游戏。团体游戏可以分为竞赛游戏、团体行动游戏、纸笔游戏、牌类游戏、合作游戏、棋盘游戏。

心理游戏是一种适合在中学生团体咨询中使用的活动方式，

具有很多优势。

首先，心理游戏打破单一交谈咨询的模式，利用游戏的趣味性特征吸引咨询者，使咨询者破除戒备心理和隐瞒心理，起到先入为主的作用。

其次，心理游戏调动全身各器官参与活动，使咨询者寻找情感发泄点，释放出不良的心理情绪，缓解了咨询者的心理压力，放松了身心。

最后，心理游戏使主客双方均以平等的身份参与活动，拉近了双方的距离，加深了了解，加快了沟通，便于建立一种相互信任的友谊关系。

（二）心理剧

心理剧是由莫雷诺创始及发展而成的一种心理治疗方法。校园心理剧是近年来在中小学中逐渐流行起来的一种团体心理辅导的活动形式。

校园心理剧是以心理剧的理论为基础，在校园环境下，由团体领导者根据中学生的生理、心理特点启发学生通过自编、自演解决自我心理问题的一种心理咨询方法。

心理剧的演出是借助团体心理动力的发展变化来推进的。一个以心理剧方式进行的治疗或成长团体，起码要具有主角、导演、辅角、观众、舞台五个基本要素。

校园心理剧可在多方面提高学生的心理健康水平，是心理健康教育的一味良方，它的表演过程更具有良好的作用。首先，帮助学生发现问题、解决问题。其次，促使学生体验角色、疏导情绪。再次，帮助学生塑造行为、改变心理结构。最后，引导学生探索现实社会、完善自我。

第九章 中小学心理健康教育中的危机干预

随着社会的发展与变化,转型期的中小学生处于心理危机高爆发阶段,对心理危机的预防与干预是一件迫切需要解决的事情。中小学生心理危机的特点与类型、危机干预体系的构建及策略、中小学生电子游戏成瘾干预等都是危机干预者应当掌握的。

第一节 中小学生心理危机的特点与类型

在中小学生的成长过程中,危机事件是不可避免的,因此心理危机也是不可避免的。本节主要对中小学生心理危机的特点与类型进行具体分析。

一、中小学生心理危机的特点

中小学生的心理危机主要表现出以下特点。

(一)同一性

中小学生的心理危机是一种发展性的心理危机,是一种儿童向成人转化的心理危机,其核心是自我统合问题的处理。从这个意义上而言,中小学生的心理危机主要是同一性心理危机。同一性心理危机是个体在社会化过程中突然遭遇到某一事件或某一境遇后,陷入个人能力、资源和应付机制无法解决的困境而导致的心理功能失调和紊乱。中小学生心理危机主要是同一性危机,是其在走向成熟的过程中可能发生的一种现象，往往会使中小学生紧张、焦虑、抑郁、易激惹，表现出认知失调、行为紊乱、个体资源和应付机制难以应对的状态。

中小学生的心理危机之所以表现出同一性，主要是受以下两大因素的影响。

第一，中小学生的心理危机受到其挫折经历的影响。如果中小学生遭遇家庭变故、考试失败、友谊破裂以及灾难等，就很容易产生心理危机。而且进入青春期的中小学生会产生较多的不信任感、羞耻感、内疚感、自卑感，不可避免地会发生同一性混乱。

第二，中小学生的心理危机受其自身发展的影响。如果中小学生的发展受阻或者暂时中断，其心理功能就会失调，从而表现出心理危机。

需要注意的是，同一性危机是由重大生活事件或在长期的压力情境下导致的，会对中小学生造成长期的不利影响，甚至为以后的心理健康埋下隐患。在同一性危机的影响下，中小学生可能会存在丧失、被羞辱的感觉，并伴随有紧张、焦虑、抑郁等情绪体验。

（二）普遍性

中小学生心理发展处于由不成熟向成熟发展的过渡阶段，其社会性发展又滞后于心理发展，因此中小学生的心理呈现出了积极与消极并存、自负与自卑并存的矛盾与冲突期。任何一个小小的问题如果得不到及时干预和化解，都可能引发严重的心理危机甚至导致悲剧性后果，表现出中小学生心理危机发展的普遍性特征。

（三）发展性

艾里克森认为，人要经历八个阶段的心理社会演变，如表9-1所示。

表 9-1　艾里克森人格发展八阶段论

阶段	年龄	心理危机	发展顺序	发展障碍
1	婴儿期（0～1.5岁）	基本信任和不信任的心理冲突	对人信赖,有安全感	与人交往,焦虑不安
2	儿童期（1.5～3岁）	自主与害羞（或怀疑）的冲突	能自我控制,行动有信心	自我怀疑,行动畏首畏尾
3	学龄初期（3～6岁）	主动对内疚的冲突	有目的方向,能独立进取	畏惧退缩,无自我价值感
4	学龄期（6～12岁）	勤奋对自卑的冲突	具有求学、做人、待人的基本能力	缺乏生活基本能力,充满失败感
5	青春期（12～18岁）	自我同一性和角色混乱的冲突	自我观念明确,追寻方向肯定	生活缺乏目标,时而感到彷徨迷失
6	成年早期（18～40岁）	亲密对孤独的冲突	成功的感情生活,奠定事业基础	孤独寂寞,无法与人亲密相处
7	成年期（40～65岁）	生育对自我专注的冲突	热爱家庭,栽培后代	自我恣纵,不顾未来
8	成熟期（65岁以上）	自我调整与绝望期的冲突	随心所欲,安享天年	悔恨旧事,徒呼负负

　　根据上述理论,中小学生正处于人生发展的第五个阶段,其心理危机也是一种由儿童向成人发展过程中的危机,其核心问题是自我统合的问题。在儿童向成人发展的社会化过程中,面对社会的各种角色,自我在同化、适应的过程中,总可能存在这样或那样的困难,遭受这样或那样的挫折,如果统合失败,困难未解决,则发展受阻,导致角色混乱、退缩或行为异常,就会产生心理危机;如果统合成功,则困难被解决,危机化解,自我同一性形成,标志着童年期的结束,成年期的开始。

　　我国著名心理学家陈会昌认为,我国中小学生面临的发展性危机主要有六种表现,如图 9-2 所示。

表 9-2　中小学生发展性危机的表现

中小学生发展性危机	发展顺序	发展障碍
时间观念和时间混乱	正确的时间观念是使人意识到无论时间如何变化，个人总是连续的	"时间混乱"，缺乏连续感，沉溺于那些目前能给他最强烈"刺激"的直接体验的活动
自我确定性和自我怀疑	对自我的观念同传达给别人的印象是一致的，从而自我确定	对自我的观念同传达给别人的印象不一致，从而自我怀疑
成熟感和挫折感	在学习、生活、工作中获得成功，发展了自信	总是在学习、生活、工作中遭受失败，经常体验到强烈的挫折感
权威感的建立和权威感的混乱	正确看待权威对自己的评价，处理好管理者和被管理者的关系	只愿当干部，不愿做普通学生，一旦落选，便因权力的丧失而认为是一切权威的丧失
角色扮演的成功与失败	学生、班干部、共青团员、学生会主席等角色扮演成功，形成积极的理想	角色扮演失败，从而丧失理想
性别角色形成和性别角色混乱	悦纳自己的性别，和谐地与异性交往	不适当的或有缺陷的性别自我，造成性别角色混乱

中小学生正处于中小学生时期，如果他们的心理向前发展了，就意味着心理危机解决了，如果出现心理障碍则表示心理危机仍待解决。

（四）非理性

中小学生身心发展不成熟，在他们从儿童向成人发展过程中，面对各种突发事件和各种社会角色转变，容易产生非理性认知，从而导致应对不当而陷入困境或危机。这就使得中小学生的心理危机呈现出非理性的特征。

中小学生的非理性心理危机主要包括"过分概括化""二元化

思维""过度引申""过分夸大或缩小""个人化"等类别。面对忽然
发生改变的生活环境,中小学生社会心理结构,从静态看智力不
高的学生应付挫折、解决新问题的能力差,会过分关注自己面临
的问题,强化自己的情绪,从而削弱自己认识问题、解决问题的能
力,不能正确评价自己和事物,或集中思维能力差,易为表象迷
惑,或分散思维能力差,不能寻找多种答案,或是兴趣爱好贫乏,
以致恶劣情绪不能宣泄,于是产生了许多关于危机的非理性信
念,甚至产生一些灾难性的想法,如"这不是真的,是在和我开玩
笑""我会疯的",等等。这些非理性的心理危机会让中小学生表
现出异常的行为,让自己陷于异常的情绪情感无法自拔。

(五)机遇性

危机是危险与机遇的结合体,危机是危险的,同时又是一种
机遇。如果没有"危机",即使年龄与日俱增,心理发展并不会与
时俱进,正因为潜在危机的存在,促进个体积极关注自我,从而获
得成长的力量。因此,中小学生的心理危机很危险,可导致中小
学生心理病态,发展停滞,产生心理病态,甚至出现自杀或者暴力
倾向。但同时,这种危机又孕育着成长的希望,因为苦恼的存在,
要过得快乐幸福的内在需要也会增加,个体会在他人及自我的调
适下重新找到平衡点,度过心理危机其实是中小学生心理发展到
另一个水平的标志。因此,危机迫使中小学生学会转变应对危机
的方式,逐渐将情绪定向应对转化为问题定向应对,在忍受危机
的痛苦和悲伤的过程中,奋起挑战,采取行动,调整自己的态度、
情感,控制自己的行为,改变自我或改变环境从而为发展提供动
力,保持与社会的接触,增加与社会的交流,并寻求帮助,获得社
会认同,使身心恢复平衡并得到发展。在自助和他助中,新的生
长点被激发出来,蕴藏于中小学生深处的潜能爆发出来,促进其
成长和自我实现。因此,只要中小学生能够直面危机,抓住危机
中的机遇,忍受危机中的痛苦,就能顺利度过危机,获得身心的健
康成长。

(六)潜在性

中小学生的心理危机具有一定的潜在性。心理危机在中小学生的情绪、行为及社会交往中会得以表现,但是这种外在的行为或情绪方面的变化是心理危机已经产生以后的结果,而不是心理危机的原因或过程。因此,中小学生的心理危机是有一定的潜在性的,在真正表现出来之前,有一段时间的潜伏期。这给中小学生心理危机的预防与干预带来了很大的困难。

(七)掩饰性

中小学生的心理危机也具有掩饰性,具有心理危机的中小学生常常希望表现出成人感,因此常常对心理危机状况加以文饰,以致真假难辨。

(八)复杂性

中小学生即将或者正在经历青春期,生理迅速发生变化,但心理发展却很难跟上生理发展的脚步,认知发展也相对滞后,包括个体认知、情感和行为多方面的功能失调,加上来自环境中学校、家庭、人际关系等多种因素的影响,导致中小学生对青春期适应困难。发展的不平衡,使得与发展相关的危机症状复杂、多变,在遭到挫折、压抑后,向抑郁自杀或攻击、伤人的两极发展。

(九)整合性

中小学生的心理危机受其身心特点的影响,呈现出整合性的特征。这主要体现在以下三个方面。

第一,目前在心理学界和教育界派别林立,各持己见,这些流派都有着自己的理论或技术优势,同时也存在自己的局限。没有哪一个派别的理论与技术能够包治百病。只有博采众长、对症下药才有可能对解决危机起到积极作用。

第二,青春期的学生,个体身心发育差异极大,同一生理年龄,身心状况可能差别极大,所以在干预过程、转化方式等方面差异极大。这都决定了要进行整合才能很好地实现危机干预。

第三,我国幅员辽阔、民族众多、文化差异大,危机的影响因素以及处理方法也会受到不同社会文化的影响。在一个地域行之有效的解决方法,在另一个地方则可能不适用或者无效,甚至起相反作用。所以,危机预防与干预者要有足够的耐心,充分了解当地文化,寻找与当地社会文化、价值观相适应的解决危机的方法。

(十)年龄差异性

处于不同年龄段的中小学生,其心理危机表现出明显的差异性,主要表现在以下三个方面。

1.小学生的心理危机

小学生在遭遇家庭生活条件的艰苦、学校教育不能满足自身身心发展需求以及对亲人、教师的依恋关系不健康等时,最容易产生心理危机。

2.初中生的心理危机

初中生性发育激变,强烈的独立意识和发展伙伴关系的需求受阻后,易产生心理危机,所以缺乏生理变化准备者多会发生性成熟心理危机,而交往中缺乏沟通或沟通不良者,由于人际冲突易发生道德价值危机。

3.高中生的心理危机

高中阶段是决定今后人生发展方向的关键时期,学习任务繁重,压力巨大,身心发展对异性交往、恋爱的需求强烈,所以危机更多表现为学业危机、青春期恋爱危机。

(十一)特定环境性

任何一种心理危机的产生都与一定的环境有关,这个环境可以是个人内心的环境，也可能是外部的各种微系统或宏系统。个人内心的环境有心理冲突、整个心境等，而外部的微系统有家庭结构、同伴、学校与教师等，宏系统则包括社会大的环境，例如文化。中小学生的心理危机也是如此，是在特定的环境下，多种因素共同作用的结果。

总之，中小学生面对的心理危机具有上述各种特点，它们构成了个体能力、资源、应付机制无法解决而又不能回避的困境，因此遭受重大的精神打击，导致中小学生出现高度紧张而又无法排解的痛苦状态。除非及时缓解，否则个体会因为突然的沉重打击产生严重的心理危机，从而给中小学生的成长及家庭、学校、社会带来很大的损失和难以愈合的创伤。

二、中小学生心理危机的分类

综合各种危机理论，并结合我国实际情况，按照中小学生身心发展的特点和规律，可将中小学生心理危机的类型做以下划分。

(一)学业危机

学业危机是指由与学校或学习有关的事件而引发的危机，包括恐学、严重厌学、受处罚、与同学关系紧张等。学生最重要的任务就是学习知识，掌握技能，形成良好的习惯、态度和价值观，这一任务主要通过各种校内外的学习来完成，学业成败是衡量这一任务完成的标志。中小学生的主要活动场所是学校，学校里发生的事都会对学生产生较大的影响。有些学生优柔寡断，虎头蛇尾，自制力较差，不能正确对待和控制自己，难以适应学习的要求，当学习中碰到困难时，就出现悲观情绪，甚至退缩，破罐子破摔，最终走上违法犯罪的道路。

(二)道德危机

道德危机也叫道德冲突危机，它是个体在内化社会价值观念、形成良好道德品质的过程中，由于多种不利因素的影响，导致中小学生道德认识模糊或错误、道德情感体验贫乏或倒错、道德意志薄弱、道德行为错误的危机。

（三）青春期危机

青春期心理发展的重要任务是培养形成正确的自我意识，培养健康的性意识与正确的性别角色。由于在个体性成熟过程中受到多种不利因素的影响，部分中小学生可能出现性意识不当、性别角色混乱、婚前性行为等问题，从而引起青春期危机。

（四）随机性心理危机

对于中小学生而言，随机性心理危机主要指意外交通事故致死或致残、被强暴、突然得重病或其他的天灾人祸等。我国特殊的地质特点、大气环流的变化，以及人们不合理的经济活动等多种因素的叠加，使我国成为世界上重大灾害发生最多、发生频率最高的国家。而天有不测风云，人有旦夕祸福，下一秒会发生什么是谁都不知道的。天灾人祸会使人们赖以生存的自然、社会环境在瞬间发生巨大变化，导致部分学校校园被毁，师生生命财产遭受巨大损失，这类事件虽然持续的时间较短，但变化剧烈，会给中小学生带来极大的震动，从而引发心理危机。这一切都会对中小学生的心理造成巨大冲击。如果处理不当，容易产生严重后果。

第二节　中小学心理危机干预体系构建

中小学生各种不同潜在心理危机的存在，不但影响了中小学生在校的平静的学习生活，更影响了他们将来的成才。尤其是在国家大力推行素质教育的今天，对培养学生良好的心理素质造成极大的困难，使学校工作难以取得突破性进展，甚至于还会产生很大的危害，具体表现为有些人主体价值的遗失，盲目追求西方资本主义国家的"以我为中心"的价值观，与社会群众利益对立起来。因此，为了确保在遇到突发危机时能迅速组织各种资源，有效开展心理危机干预，学校必须在平时重视心理危机干预体系的建设。一个完整、系统的中小学心理危机干预体系主要包括预防和预警体系、应急处理体系以及维护体系三大部分。本节即对这三大部分展开论述。

一、中小学心理危机干预的预防和预警体系的构建

中小学心理健康教育以发展和预防为主要目标。因此，学校心理危机干预的重点应该是通过积极的宣传和教育，增强中小学生对心理危机的应对和化解能力，尽量预防中小学生出现严重的心理危机；通过预警体系，提前对有心理危机倾向的高危学生、教师或人群进行必要的关注和援助，避免发生重大恶性事件。中小学生心理危机的预防和预警体系主要包括如下几个部分。

(一)心理危机相关知识的普及宣传教育

中小学或有关部门应通过各种教育手段提高中小学生对于心理危机的抵抗力。例如举办心理危机专题讲座，向中小学生宣传普及心理健康知识，使其认识自身，了解心理健康对成才的重要意义，树立心理健康意识；介绍增进心理健康的途径，使中小学生掌握科学、有效的学习方法，养成良好的学习习惯，积极开发自身潜能，培养创新精神和实践能力；普及和推广中小学生心理危机救助和自救知识；使中小学生掌握心理危机的特征和危机救助技巧，形成自助与助人意识，避免和减少心理危机所带来的危害。通过多种形式宣传普及心理健康知识，介绍增进心理健康的途径，提高中小学生的心理危机的免疫力；传授心理调适的方法，使中小学生学会自我心理调适，提高承受和应对挫折的能力，社会生活的适应能力；解析心理异常现象，剖析心理问题产生的原因

及主要表现,以科学的态度对待各种心理问题,树立心理健康意识。

中小学生心理危机知识的宣传应该包括以下三个方面的内容。

1.心理危机应对教育

心理危机应对教育主要是让中小学生了解什么是心理危机,在什么情况下会出现心理危机,哪些言行是自杀的前兆,对出现自杀预兆的同学如何进行帮助,等等。

2.生命教育

生命教育主要是引导中小学生正确认识自我,愉快接纳自我,积极发展自我,树立自信,消除自卑,进而热爱生活,热爱生命,善待人生。

3.灾后心理应对的教育

心理危机相关知识的宣传普及还应和一些地震、火灾等自然灾害的自救演练相结合。灾后心理应对的教育主要是告诉中小学生在面对灾难等一些严重的危机事件时常见的心理反应,以及如何进行自我心理调节,如何寻求心理援助,等等。

(二)心理健康普查和建立心理健康档案

目前许多中小学都开展了对中小学生进行心理健康状况普查,建立中小学生心理健康档案,密切关注中小学生的心理发展,对于心理危机的高危人群做出及时评估、诊断和预警,建立干预对象档案库,并定期追踪观察,做到及时发现、及时指导和帮助。

但是,在对中小学生进行心理健康普查以及档案建设时,一定要注意,对一些普查结果不良的学生,必须通过进一步的调查和了解,才能作出较为准确的评估,确定他们是"高危人群"之后,一定要避免给他们贴上"危险学生"的标签,不要让其他同学因此而歧视他们,以免给学生带来严重的心理伤害。

(三)利用多种途径收集预警信息

中小学心理健康教育教师要充分利用各种途径,收集、筛选心理危机预警信息,除了通过心理健康档案、心理委员、科任教师、班主任等提供的预警信息,还要充分利用心理健康课、心理辅导、心理危机求助电话、心理信箱、微博、校园网络论坛等方式,及时获取学生心理危机的预警信息。收到预警信息后,要综合考虑,判断是否要采取相应的心理危机干预措施。

(四)对德育教师开展心理危机相关知识的培训

直接从事思想品德教育和学生管理的教师往往和中小学生接触密切,也比较容易得到学生的信任。对他们开展一些基本的心理健康和心理危机干预的培训,让他们能够及时识别出心理危机的学生,并与心理健康教育教师联系,共同配合为中小学生提供及时的心理援助,避免造成严重后果。

(五)设立和培训班级“心理委员”

对于中小学生,特别是青春期的中学生而言,同龄群体有着巨大的影响力。许多中学生只会对同年龄的伙伴敞开心扉,倾诉内心的真实想法。因此,可以在每个班级选择一位交往能力较好的学生担任“心理委员”,接受学校心理健康教育教师的指导和管理。班级心理委员在提供预警信息、急性心理危机的临时救助以及自杀预防等方面发挥着不可替代的作用。所以要培训这些力量,使其具有心理危机预防知识,能识别有心理危机的学生,并及时向心理危机干预中心提供信息。

(六)及时提供心理危机援助

中小学心理咨询室等机构应当鼓励当事人揭示出与自己有关事件的最初和最痛苦的想法,让情绪表达出来,引导他们以积极乐观的生活态度面对困境;应当为危机事件涉及的中小学生提供心理危机援助,帮助当事人解决危机,恢复心理功能和心理的平衡;如有必要,要及时将遭遇心理危机并无法通过心理咨询恢复心理功能和心理平衡的当事人,进行转诊,送入医院治疗。

二、中小学心理危机干预应急处理体系的构建

应急处理体系的主要任务是当学校发生危机事件时,要能及时、有效地组织相关人员进入危机事件发生现场,开展现场心理危机干预;在大规模危机事件发生时,能有效组织学校心理危机干预人员与消防、安全、医疗、社会工作等其他救援部门和机构进行合作,有计划、有步骤地对事件当事人或人群进行心理干预。

中小学心理危机的应急处理体系主要包括如下组成部分。

(一)应急预案

心理危机具有突发性和危害大的特点,要求中小学在最短的时间内组织相关人员,开展心理危机干预。因此,中小学必须事先制订一套能够及时应对、行之有效的应急预案,在遇到危机事件时,才能够有条不紊、沉着应对。

中小学生心理危机应急预案主要包括以下三个方面的内容。

第一,心理危机情况收集和上报的程序(包括校领导和上级教育管理部门)、相关人员联系方式、通知的相关人员范围。

第二,负责指挥心理危机干预的负责人、心理危机干预小组的人员名单、负责情况通报和对外沟通的人员的分工。

第三,心理危机干预的校外支持资源等。

(二)指挥协调机制

中小学要成立心理危机干预指挥协调小组,明确小组成员的职责,以便学校发生心理危机时,小组能够实现指挥、人员和物资协调、对外联络和沟通功能。指挥协调小组的成员可以包括具有

高级职称的心理健康教育教师、分管该校的教育行政部门人员、上级心理健康教育指导中心负责人和校外聘请的心理危机干预专家。

（三）学校心理危机干预团队

对于个别学生出现的紧急心理危机，一般由心理健康教育教师或者校外的心理专家、心理治疗师等人员直接到现场开展工作即可。

1. 团队分工

由于学校心理危机干预团队人员众多，专业背景各不相同，为了更好地开展心理危机干预，需要组建职能不同的工作小组，保证整个工作的有效实施。

（1）专业小组

由本校的和所属区域内的学校心理健康教育专职教师、心理咨询师、心理治疗师等具备心理辅导、心理咨询和心理治疗专业背景的人员组成的专业小组负责在危机现场对学生或相关人群开展专业的心理危机干预，提供心理援助和心理疏导，并科学区分和鉴别出现严重心理问题或心理障碍的人员，必要时向上一级心理健康专业工作者求助，或及时转介到当地医疗卫生部门。

（2）专业指导小组

由上级心理健康教育指导中心派出的专家、心理危机干预专家和心理创伤治疗师组成的专业指导小组负责对现场从事心理危机干预的专业小组人员等提供技术指导、评估和督导。在必要时，还可直接参与现场干预，并对事后的维护性心理危机干预提供方案或建议。

（3）辅助小组

由心理健康兼职教师、接受过心理健康教育培训的学校德育工作者、班主任、学生会干部、学生中的心理委员等组成的辅助小组的主要职责为协助专业小组的工作，负责为事件现场外围的人或人群(同学、教师、家长)提供适当的心理援助和疏导。

2.成员素质要求

心理危机干预工作的主力是受过专业训练的心理咨询师,这些心理咨询师除具备必要的专业技能和素质外,个人素质的提高也不可忽略。

(1)道德素质

第一,诚实。保持情感体验和情感表达的和谐一致,努力做到所感与所言、所行与所为的和谐一致;要能够真诚地袒露自我内心想法,允许他人了解自己。

第二,为当事人保密。不能泄露当事人的资料,但如果确认当事人有自杀或伤人企图,危机干预工作者可以不履行保密义务。

第三,当事人利益至上。在大多数情况下,应在理智和情感上采取"当事人利益优先"的原则。

第四,满足当事人知情选择权。危机干预工作者开始时就应该讨论咨询目标和程序,咨询师的资格和实践经验,提供其他自助小组等资源。

(2)自我反省能力

自我反省能力要经过较长时间的专业训练,包括反复被有经验的督导进行心理督导。非心理咨询专业的工作者,如学生政治辅导员、危机志愿者等,需要努力提高自身反省能力,力争最大限度地做好危机干预工作。

(3)换位思考

危机当事人可能有不同的文化、社会经济背景,他们会表现出不同的行为和态度。因此,危机干预工作者要能够换位思考,这也是其应具备的专业技能之一。

(4)经验丰富

危机干预工作者应具有丰富的生活经验,他们在复杂的生活经历中学习、成长,并能将这些经验应用于各种实际工作之中。

因而他们在危机面前能够表现得成熟、乐观、坚韧和坚强。这十分有助于他们配置自己的心理资源，更好地帮助危机当事人。

（5）灵活性

危机干预者必须能够对危机中不断涌现、不断变化的问题做出迅速的反应和处理。必须能够在危机面前，敢于面对挑战，在危机干预工作中充分发挥创造性和灵活性，而不拘泥于各种条条框框和自己过去的经验。

（6）充沛的精力

危机干预工作者要精力充沛，要真诚、热情地帮助当事人，并始终如一；同时还要能够照顾自己的身体和心理需求，不断地进行自我调整，以保证旺盛的精力和完好的状态。

（7）镇静的心态

危机干预工作者应具有镇静的心态。面对那些失去了理智控制的当事人，保持冷静、镇定，努力使情况处于自己的控制之下，从而为帮助当事人恢复心理平衡创造一个理性的、稳定的氛围，在危机干预中至关重要。

三、中小学生心理危机干预运行机制的完善

中小学生心理危机干预是一项复杂的系统工程，仅仅依靠危机干预中心的力量无法取得最好的干预效果。因此，中小学生危机干预中心必须建立广泛的工作网和较为通畅的运行机制，这样才能确保处于危机中的个体得到最好的救助。

中小学生危机干预运行机制应该以干预中心为枢纽，联系着校内学生处、校医院、校保卫处、辅导员和个体社会支持系统；在校外，又要与医疗服务机构、心理咨询机构、公安部门建立工作网。危急情况下，要确保各个网络结点之间联系通畅，使危机中的个体得到及时的预警、帮助和干预。

四、中小学心理危机干预维护体系的构建

维护体系是在学校心理危机事件发生后对当事人、相关人群提供补救性的、维护性的心理干预。心理危机干预的维护体系侧重于事后补救，主要包括如下部分。

(一)心理评估和筛查

中小学必须建立一套较为科学的评估和筛查标准体系，并由具备专业心理评估和诊断经验的人员承担。中小学生心理评估和筛查需要对不同的人进行初步的评估和筛查，要把心理功能正常的人筛选出去，把确实需要进一步心理辅导的人员鉴别出来，进行重点辅导。

(二)心理健康教育课程体系

维护性干预通常需要持续较长一段时间，中小学要充分利用学校的心理健康教育活动课、团体心理辅导、心理辅导讲座等方式，对一些心理危机反应轻微的学生，开展长期、持续的心理辅导，最大范围地保障学生的心理健康。

(三)校外支持资源

首先，对一些处在心理康复过程的中小学生，还需要密切家庭、社区和学校的联系，为他们提供足够的家庭和社会支持资源，让家长、朋友对学生多一些关爱与支持，以促进心理功能的恢复。

其次，对于少部分出现创伤后应激障碍（PTSD）等严重心理问题和超出学校心理健康教育教师辅导能力的中小学生，必须及时转介给具有心理创伤治疗资质的心理治疗机构，开展有针对性的专业心理治疗。

第三节 中小学心理危机干预策略

危机干预的一般策略，是指在危机发展的初期或危机的状况不太严重的情况下，采取的危机干预策略。本节就中小学心理危机干预策略进行详细阐述。

一、中小学心理危机的一般干预策略

（一）建构危机干预的网络系统

在中小学生心理危机干预之初，就要建构危机干预的网络系统，动员各方面的力量参与危机干预。危机干预的网络系统，通常由一个多功能的社会支持网络和网络管理核心组成，二者缺一不可。网络管理核心的功能在于将社会支持所提供的各种资源整合成一个有机体，发挥最大的干预效能。

危机干预网络的成员是由一些互相比较熟悉，并且随时能提供心理、物质、信息帮助或支持的人构成的，一般在 15～20 人之间。其编制可按表 9-3 进行。

表 9-3 中小学生心理危机干预网络信息表

编号	姓名	关系	实际帮助	情感支持	友谊	建议和信息	联系方式
1							
2							
3							
……							

在表 9-3 中，关系指成员与个体的关系，如父母、亲戚、教师、同学、友人等亲友，以及医生、记者、律师等社会工作者；建议和信息指能帮助学生走出危机的各方面合理建议，有关危机产生、发

展、变化,危机救援的信息。

(二)建立安全关系

安全感的建立包括求助者、其关系密切者。没有安全感关系的建立,心理危机干预的效果是难以实现的,因此心理干预前安全感的建立十分重要。干预者的自信和镇静非常重要,这些是给被干预者正面的信息,使他们变得平静,恢复元气。儿童受害者可以用毛绒玩具来实现。安全感需要安静、独立同时也是轻松、自由的环境。

(三)危机干预网络管理

网络管理核心也称危机干预小组,至少要由家庭成员、资源管理员、媒体接待员、危机处理员四方面人员组成,由他们商讨对策,分工合作,实施干预。

首先,家庭成员全面负责危机处理、网络管理以及给孩子提供生活保障。

其次,资源管理员负责管理网络支持系统,快捷、及时地调动需要的人员力量。

再次,媒体接待员负责接待媒体代表、妥善处理信息报道相关问题,避免不适宜的报道给危机学生带来二次伤害。

最后,危机处理员运用帮助、支持系统的资源和危机干预的理论、技术,结合自身丰富的经验帮助个体战胜危机。

(四)控制紧张,调节情绪

控制紧张和调节情绪是解决危机的第一步。控制紧张和调节情绪的方法主要有以下四种。

第一,行为技术。控制紧张和调节情绪的行为技术很多,如渐进性肌肉放松、系统脱敏法、暴露疗法、冲击疗法、生物反馈技术等都是常用的方法。

第二,认知技术。采用理性情绪疗法、贝克认知疗法等技术改变学生的非理性认知,进而改善情绪。

第三,倾诉。向他人谈论往事,倾诉情感。

第四,改变生活习惯。放慢生活节奏,培养良好生活习惯,保证充足的睡眠,积极参加各种体育活动。

(五)改变认知

认知是情感和行为产生的中介,只有改变中小学生的非理性认知,使其理性地看待问题,才能改善其情绪,消除危机行为。因此,改变认知是中小学危机干预的核心。改变认知应从以下几方面入手。

第一,建立危机干预的关系,确定危机干预的目标,即危机者的非理性认知。

第二,识别危机者的负性自动想法,并采用"协同检验"的方法把危机者的负性自动想法当作一种假设加以检验。

第三,识别功能失调性假设。这种功能失调性假设是根据危机者童年经验形成的,是潜意识的,是派生负性自动想法的基础,如果不予识别与矫正,情绪、行为问题就不可能从根本上得到解决。识别的方法包括三种:查找负性自动想法的主题、寻找其逻辑错误、盘问追根法。

第四,盘问功能失调性假设。识别之后,可以采用盘问和行为实验法使其发生转变。盘问往往需要反复进行。

(六)解决问题

解决问题就是综合利用各种有利条件,采取合适的应对策略,战胜危机,达到新的更高水平的心理平衡。这可以从以下几方面入手。

第一,寻找应对危机的优良品质,如乐观、勇敢、幽默、大度等能有效应对危机的良好品质。

第二,寻找解决危机的资源。这些资源可能是物质的,也可能是精神的、心理的,可能是来自老师的、同学的、家人的、社会的资源,也有来自自身的、专业团体的资源。无论哪种资源,只要有利于危机的解决,都可以采用。

第三,寻找解决危机的切入点。解决危机的切入点会因为学生的个体差异、危机类型差异、危机发展阶段差异而各有不同。一般而言,首先要保障生活必需的条件、保证危机中学生的安全。重新回归原有的生活、学习秩序往往有利于危机的解决。

第四,学习应对方式。中小学生在学习应对危机的方式过程中,既要学习改变或减轻不良情绪的应对方式,也要学习可以在未来危机情境中可以应用的技巧。

第五,制订行动计划。行动计划应包括行动的意义、目标、过程、步骤、方法、注意事项等。

第六,形成新的生活策略。总结自己成功的经验及失败的教训,从而形成新的生活策略,促进自我发展和成长。

二、中小学生心理危机的特殊干预策略

特殊的危机干预策略是指针对不同年龄学生的危机的干预策略、不同类别助人者的干预策略和在某些特殊情形时(如危机者有自杀可能)的干预策略。

(一)针对不同年龄学生的危机干预策略

按照同一性危机理论和中小学生危机的特点,不同年龄段学生的危机干预内容和方法也不同。

1.小学生的心理危机干预策略

对小学生心理危机的干预应从以下三方面入手。

第一,要关爱学生,让他们能迅速回归原有的生活,恢复学习秩序,获得学习成功的体验,满足他们爱的需要、安全的需要。

第二,要用他们能理解的语言引导他们,以提高其应对危机的能力。

第三，要鼓励他们表达、宣泄自己的焦虑和痛苦。

2. 初中生的心理危机干预策略

对初中生心理危机的干预应从以下三方面入手。

第一，应该调整学校、家庭对学生的期望值。

第二，要对他们进行道德观、价值观和法制教育，让他们具备正确的生活理念，遵守社会道德规范和法律法规。

第三，要鼓励他们与同学的正常交往，因为深厚的同学情谊既是他们基本的心理需要，也能让他们分享信息、获得心理支持。

3. 高中生的心理危机干预策略

对高中生心理危机的干预应从以下三方面入手。

第一，应注意调解他们和父母之间的关系，帮助他们解决学习和职业选择的问题，教育他们正确看待社会现象，与社会和谐相处。

第二，应注意对他们进行情感教育，特别是关于恋爱、婚姻的教育，帮助他们正确处理与异性的关系。

第三，应注意适当满足其自治需求。

(二)不同助人者的干预策略

不同助人者的干预策略肯定有差异。

1. 危机干预者的干预策略

第一，主动、专注，快速进入干预状态。检查自己对求助者问题情绪的反应，并与学生沟通，激发对方危机干预的自我信任感，形成初步的应对危机机制。

第二，倾听。专注地倾听是了解学生基本情况的良好措施，也能表达对学生的关注及愿意提供帮助的态度。

第三，接受所有的抱怨和情感。对处于危机中的学生的任何抱怨都不应轻视或忽视。

第四,有明晰正确的关于学生危机的心理图式。内在的心理图式包括:清晰地了解危机中学生的心理状态,危机的历史,危机的类型、特点,设计最佳的干预方式。

第五,充分利用合适的资源。每一个学生既有内部资源(个人的、心理的),又有外部资源(环境中的,家庭、朋友、同学的)。

第六,做学生的辩护者。对于处于危机中的学生,干预者要向他们传达这样的信息:他们所面对的问题已处于控制之中,并且干预者会尽全力阻止他们自伤、自杀。

第七,对处于危机中的学生的思想和情感进行评估,对他们的想法(包括自杀的想法)都要认真对待。

第八,采取具体的行动。要让学生了解你已做好了必要的安排,如心理治疗等。

第九,不要担心直接问及自杀。处于危机中的学生一般也比较喜欢被直接问及自杀问题,并能够对此进行公开的讨论。

第十,面对暴力攻击者,要注意自己的安全。尽量用口头语言减轻他的暴力倾向。

2.危机中提供信息与建议者的策略

第一,要注意只有在个体能接受新信息时才去提供信息。

第二,避免从自己的角度去看问题。语言表达要得当,避免学生去指责他人。

第三,尽量给予启发,使学生自己找到应对危机的方法。

第四,要让学生明确,通过自我努力,现状是完全可以改变的。

第五,要让学生自己担起生活的责任,不把责任推给别人。

3.危机中提供生活帮助者的工作策略

第一,保持和专家的联系,发现危机者问题发生变化,要及时报告专家。

第二,在处于危机中的学生面前表现得沉着冷静,让对方感到他的问题已处于完全控制之中。

第三，不可过分靠近个体，不能有过多的情感卷入。

第四，物质、经济方面的支持应根据需要量力而行，尽量做到不求回报，以免个体的依赖或转移。

(三)特殊心理危机的干预策略

所谓危机的特殊情形，是指正在谈论自杀或实施自杀。对有特殊心理问题的中小学生进行心理危机干预，对其提供及时的心理帮助和支持，预防中小学生自杀是可以做到的。

1.在心理健康教育中增加自杀预防知识的内容

首先，要对学生进行宣传，正确引导他们珍爱生命，提高面对心理危机的应对能力，增强勇气和自信，学会以积极乐观的生活态度面对困境。

其次，还要对学生工作干部、班级辅导员、教师进行教育，使他们了解哪些言语和行为表现可能是自杀的前兆，对出现自杀预兆的学生如何处理及干预，怎样救助他们并教会他们自救。

2.在学校建立心理咨询机构

自杀者在自杀前犹豫不决、万分痛苦时找到心理咨询机构，咨询人员就可以立刻介入，采取紧急对策，以避免自杀行为的发生。心理咨询机构应对学生进行心理普查，了解学生的自杀倾向。

3.构建家庭、学校和社会系统

预防自杀也是当事人周围的人，如亲人、同学、老师应关注的事情。因此，预防自杀还要从多方面去努力，要构建心理危机干预和预防的家庭、学校和社会系统。

4.了解危机者的姓名、地址、联系电话

一旦可能，消除任何自杀行为，如拿走危险品、工具或远离危

险场所。当危机发生时，如有可能，记录危机者的言行。

第四节　中小学生电子游戏成瘾干预

现在的孩子，尤其是男孩儿，特别喜欢玩电子游戏。有的孩子长时间沉溺于电子游戏，一旦停止电子游戏活动，就出现难以摆脱的渴望玩游戏的冲动，形成精神依赖和相应的生理反应。恢复操作电子游戏后，精神状态便恢复正常。这些行为特征与毒品成瘾行为有着许多相似之处，是一种心理病理行为。

一、中小学生电子游戏成瘾的表现

已经对电子游戏上瘾的中小学生大多喜欢逃避现实，一旦遇到了挫折，就想尽快回到游戏中，成为胜利者，以此来冲淡在现实中的挫折感。长此以往，势必会恶性循环——他们会越来越陶醉于虚拟世界中的成就感，而逐渐忽视现实生活中的问题。一般来说，中小学生电子游戏成瘾会有以下几种表现。

第一，迷恋游戏厅和网吧。经常没有正当理由而回家很晚，甚至夜不归宿。

第二，吃过饭就直奔游戏机（电脑），无时无晌地玩。严重的甚至在吃饭时还在网络上"厮杀"和"通关"。

第三，经常把自己独自关在有电脑的房间里，与父母保持距离，而且时间越来越长。

第四，干什么都没有兴趣，一提游戏马上就来精神。

第五，网瘾越来越大。玩游戏和上网的时间在不断增加的情况下才能达到同样的满足程度。

第六，企图缩短玩电子游戏时间的努力总是以失败告终。虽然能够意识到玩游戏带来的严重问题，但仍然继续花大量时间玩。

第七，玩电子游戏的次数总是比事先计划的要多，玩电子游戏的时间总是比事先计划的要长。

第八，出现类似毒品的戒断症状。如果有一段时间（从几小时到几天不等）不玩电子游戏，就会变得明显焦躁不安，不可抑制地想去玩游戏，上网，甚至晚上睡觉时做梦也与电子游戏有关。

第九，把大量时间花费在和电子游戏、互联网有关的活动上。比如搜寻、购买、下载、安装新的游戏软件，整理下载的大量文件等。这种状态往往是孩子学习成绩和身体素质下降的开始。

第十，玩游戏已经严重影响到孩子的学习成绩、与父母的关系和与同学、朋友的交往。

二、中小学生电子游戏成瘾的影响

电子游戏以其"挡不住的诱惑"迅速垄断着孩子们的娱乐世界。许多中小学生对这种让人着迷的玩意儿已迷到了废寝忘食、如醉如痴的地步。殊不知这样的玩法会给身心带来莫大的伤害。

(一)影响视力

玩电子游戏时，眼睛必须时刻注视着屏幕，使眼肌长期处于紧张状态，不得松弛休息，而画面比较复杂，且移动速度快，长时间玩游戏机，可使人出现眼花及眼睛干涩、发肿，长此以往会导致视力下降、青光眼，严重者可突然失明。

(二)影响身心发育

中小学生正是长身体的时候，长时间坐在那里不活动，不利于身体发育，也对心理健康发展有着不良影响，主要表现在以下几方面。

第一，由于长时间不动，会出现肥胖症。

第二，如果长期坐姿不正确，影响脊柱发育而出现脊柱畸形、颈椎病。

第三,长时间用手操作会引起腕管综合征,即键盘腕,即手掌和手指麻痛,手掌大鱼际肌肉有不同程度的萎缩。

第四,有的沉迷游戏的中小学生发生明显的改变,变得软弱、自卑、意志减退、丧失自尊、内疚和自责。

(三)影响学业

有电子游戏瘾的中小学生把大量时间用在玩电子游戏上,那么用在学习上的时间就会减少。坐在教室里,还想着游戏内容,学习效率必然下降。不少中小学生因玩电子游戏成瘾后耽误学习,人际交往减少,影响正常生活,甚至毁掉了前途,改变了人生的道路。

(四)诱发癫痫

因玩游戏而诱发癫痫的屡有报道,其中部分患者是因对屏幕上的光过敏而导致,另外就是因大脑疲劳、缺氧诱发的。对于有癫痫史的中小学生应尽量少玩电子游戏。

(五)不良导向

现在许多游戏内容是言情的和打打杀杀的,中小学生模仿能力强、辨别是非能力差,会潜移默化地吸收,并运用到现实生活中,这很容易导致中小学生模糊道德认知,淡化游戏虚拟与现实生活的差异,误认为这种通过伤害他人而达到目的的方式是合理的,从而出现预想不到的后果。

三、中小学生电子游戏成瘾的干预

中小学生一旦已经游戏成瘾,父母也不要过分紧张。玩电子游戏上瘾是一种心理不健康的表现,但通过及时诊治,这种游戏瘾是可以完全戒掉的。

（一）劝阻

如果家长或老师发现自己的孩子或学生终日沉迷于电子游戏，那就应该对其进行劝阻，使其意识到醉心于虚拟世界的危害性，以及现实社会对于个人生活的重要意义。如不能奏效，则应带他们去看心理医生，医生会准确地判断出这些游戏迷是否已染上了电子游戏瘾。经过心理辅导和治疗，电子游戏痴迷的中小学生均有希望完全戒掉电子游戏瘾。

（二）家长放手但不放任

根据电子游戏成瘾学生的特点，以鼓励引导为主，在节假日允许他玩一会儿，另外，经常和老师通电话，及时取得老师的帮助，一旦发现孩子玩游戏上瘾，就和他谈话，提醒他。

（三）奖励和正确引导

对爱玩游戏的中小学生，玩游戏的次数与时间可以实行目标管理：孩子成绩提高后，可以适当延长游戏时间，反之，适当缩短游戏时间。奖励与惩罚相结合，从而调动孩子的学习积极性，增强其自制能力。

（四）转移注意力

应想办法用其他活动来转移学生的注意力，如制作航模飞机、打球、集邮、积极参加体育活动，搞小发明、小制作，利用节假日外出旅游等。尽可能让孩子多与外界接触，积极参加文体活动，培养多种兴趣，扩大与其他同龄朋友的交往，加强同父母、老师的情感交流。随着其他兴趣的增加，孩子的注意力就会部分转移，玩电子游戏的时间就会减少。当然，一定要注意，避免接触色情、暴力、赌博等游戏内容。

（五）限制玩电子游戏的时间

每次进行电子游戏娱乐的时间不宜过长，一般来说小学生最好不玩电子游戏,中学生玩电子游戏时间一次限 30～40 分钟,最长不要超过 1 小时,应注意间隔调节和休息。

(六)培养孩子的自律能力

中小学生缺乏自制能力,应该禁止涉足电子游戏场所。中小学生的父母和老师可以通过孩子玩电子游戏,培养他们的自律能力,教他们学会守时、守信、守约,即父母与孩子共同签订一个协议,将玩电子游戏的时间、地点、内容等通过平等的磋商"约法三章",并使他们懂得人生的任何"游戏"也像电子游戏一样,都是有规则的,遵守规则就能得到奖励,违反规则就要接受处罚。如发现孩子出现"每日必玩、每玩难停"的早期心理依赖时,应停止其继续接触,如已产生强烈的心理依赖,更应强制戒断。

(七)建立多元评价体系

对于中小学生而言,目前最急需改变的就是过于看重学习成绩的"单一评价标准",建立多元评价体系,家长和学校需要加强沟通,联手消除孩子的生活环境中引起孩子电子游戏使用问题的心理压力来源,帮助孩子重建生活的信心,使每个孩子都能够得到最适合自己的发展机会,以便发挥自己的潜能,达到自我实现的目标,避免他们沉迷于在电子游戏中获得的虚拟的成就感。

(八)改善社会大环境

要减少电子游戏使用问题,还需要改善社会大环境,因为大环境不仅会给家长造成心理压力,影响他们的教养方式,还会给老师和孩子本身造成心理压力。

(九)不要简单地强迫孩子放弃玩游戏

如果强迫中小学生放弃玩游戏,如藏起游戏机等,不但不会奏效,反而会使孩子产生逆反情绪,会激化父母与孩子之间的矛盾,并且会产生事倍功半的效果。不过,采用强制性的法律和行政手段,如禁止在中小学校周围一定距离内设置电子游戏厅,这对中小学生电子游戏成瘾的控制来说,的确具有良好的效果。

(十)脱瘾治疗

脱瘾指用心理治疗或药物治疗的方式使电子游戏成瘾者逐渐停止玩电子游戏,常用的方法有厌恶疗法、脱敏疗法等心理治疗的方法和配合使用少量抗焦虑药或抗抑郁药,也可使用心境稳定药。电子游戏瘾的行为特征与药物成瘾有许多相似之处,因此药物治疗有一定疗效。脱瘾一般 7～15 天就可完成。

(十一)康复治疗

康复指经过脱瘾治疗后预防重复成瘾、摆脱心理依赖的过程,主要在社会开展控制电子游戏成瘾的工作,具体的措施有及时获得家庭、社会的支持和帮助,积极参加有意义的社会活动,培养对社会、家庭的责任心,逐步建立信任的、和谐的、支持性的人际关系。必要时可休学将成瘾学生隔离,带到没有游戏机的地方或乡下去康复。

(十二)积极预防

电子游戏瘾正悄无声息地进入广大家庭中,使用者一般不易察觉,一旦成瘾,就如同戒毒一般很难摆脱。所以,预防胜于戒瘾。作为家长,对已经表现出对电子游戏上瘾的孩子,首先要审视孩子生活中两个最主要的活动场所——家庭和学校中存在什么导致孩子出现心理问题的因素,同时求助于专业心理医生对孩子进行心理咨询和治疗,发现其心理问题的症结所在,并通过相应的心理治疗手段帮助孩子摆脱对电子游戏和游戏暴力的依赖。

参考文献

[1]朱海,申健强.中小学心理健康教育[M].成都:西南交通大学出版社,2015.

[2]叶一舵.中小学心理健康教育教程[M].福州:福州教育出版社,2015.

[3]张彦云,林淑荣,佟秀莲.中小学心理健康教育的理论与实践[M].北京:北京师范大学出版社,2015.

[4]杨红梅,朱雅勤.中学生心理课情绪管理[M].北京:中国轻工业出版社,2015.

[5]郑日昌,刘视湘.中小学心理健康教育[M].武汉:武汉大学出版社,2010.

[6]张大均.当代中国青少年心理问题及教育对策[M].成都:四川教育出版社,2010.

[7]甘永祥.身心合一快乐学[M].重庆:重庆出版社,2015.

[8]王燮辞.青少年心理危机干预概论[M].成都:四川大学出版社,2011.

[9]路杨.当代大学生生命教育[M].武汉:武汉大学出版社,2014.

[10]武光路,李剑锋.大学生心理危机的预防与干预[M].北京:国防工业出版社,2016.

[11]刘盈江.听觉障碍青少年心理咨询[M].北京:华夏出版社,2007.

[12]罗四维.大学生心理保健指导[M].北京:人民军医出版社,2013.

[13]孙云晓.好习惯为孩子加分[M].北京:北京出版社,2005.

[14]杨冰.纠正孩子坏习惯[M].武汉:华中科技大学出版社,2017.

[15]赵春梅.窗边的孩子:青少年电子游戏成瘾的家庭因素研究[M].杭州:浙江大学出版社,2010.

[16]张明.小学生心理健康教育[M].北京:中国轻工业出版社,2008.

[17]刘视湘,郑日昌.小学生心理健康教育[M].北京:开明出版社,2012.

[18]刘万伦,戴敏燕,杨莉.中学心理健康教育校本课程开发的理论与实践[M].北京:科学出版社,2016.

[19]本书编写组.素质教育创新的理论与实践[M].北京:新华出版社,2009.

[20]刘凡荣.绿色的呼唤:心理健康教育校本模式研究[M].北京:光明日报出版社,2016.

[21]王一秀,潘辉.青春知识词典[M].北京:中国工人出版社,1990.

[22]中国就业培训技术指导中心,中国心理卫生协会组织.心理咨询师基础知识[M].修订版.北京:民族出版社,2015.

[23]王纬,王妍莉.中学校本课程开发与实施[M].兰州:甘肃人民出版社,2016.

[24]本书编写组.如何培养中小学生的为人处世能力[M].广州:广东世界图书出版公司,2012.

[25]卢家楣.青少年心理与辅导[M].上海:上海教育出版社,1999.

[26]白学军,等.发展心理学[M].天津:南开大学出版社,2013.

[27]曹中平.幼儿教育心理学[M].大连:辽宁师范大学出版社,2001.

[28]董妍,刘爱书.小学生心理学[M].杭州:浙江教育出版社,2015.

[29]冯帮,向光富.教育知识与能力[M].南京:南京大学出版社,2015.

[30]傅纳,刘视湘.传统游戏的心理学探索[M].北京:首都师范大学出版社,2015.

[31]和小军.小学数学教学设计与教学[M].桂林:广西师范大学出版社,2016.

[32]蒋薇美.怎样上好心理课[M].上海:上海科技教育出版社,2016.

[33]李梅,陈明立.中学教育心理学[M].南京:南京大学出版社,2014.

[34]吕斐宜.我国心理健康教育研究[M].广州:中山大学出版社,2016.

[35]罗明东,等.班主任工作技能:基础教育班主任工作与学生心理辅导技能训练与测评[M].昆明:云南大学出版社,2012.

[36]莫雷.教育心理学[M].北京:教育科学出版社,2007.

[37]秦泉.高智商孩子是这样培养的[M].汕头:汕头大学出版社,2016.

[38]桑青松.学习心理研究[M].合肥:安徽人民出版社,2010.

[39]田文.中小学心理健康教育活动设计与实施[M].北京:清华大学出版社,2013.

[40]王大顺,张彦军.发展与教育心理学[M].西安:陕西师范大学出版总社,2015.

[41]王贵林,孙悦亮,徐章华.班级心理健康活动课的理论与实践[M].广州:暨南大学出版社,2013.

[42]王俊兰.教子有方 学而有道[M].石家庄:花山文艺出版社,2013.

[43]吴民祥.教育教学知识与能力辅导用书[M].重庆:重庆

幸福与成长:中小学心理健康教育研究

大学出版社,2013.

[44]夏凤琴,姜淑梅.教育心理学[M].北京:清华大学出版社,2015.

[45]向晶.学生幸福论[M].济南:山东教育出版社,2012.

[46]杨震,王守良,段姗姗.中小学心理健康教育的理论与实践[M].合肥:合肥工业大学出版社,2004.

[47]于晓溪,郭洋.新课程与中小学心理发展研究[M].大连:辽宁师范大学出版社,2012.

[48]张晓明.主体幸福感模型的理论建构:幸福感的本土心理学研究[M].沈阳:辽宁人民出版社,2015.

[49]河北省教师教育专家委员会.中小学生心理发展与教育[M].保定:河北人民出版社,2007.

[50]胡君辰,潘晓云.心智管理导论[M].上海:复旦大学出版社,2008.

[51]姜军.好爸爸胜过好老师[M].西安:西安电子科技大学出版社,2015.

[52]孔庆蓉,孙夏兰,杨玉莉.心理健康新观念[M].北京:中央编译出版社,2016.

[53]李远.中小学心理健康教育操作实务[M].北京:希望出版社,2015.

[54]梁晓明,刘德纯,李作栋.青少年健康人格形成与培养新概念[M].拉萨:西藏人民出版社,2001.

[55]林崇德.中小学生心理学[M].北京:中国轻工业出版社,2013.

[56]刘凌波,张宝莱.中小学心理健康的理论与实践[M].长春:东北大学出版社,2006.

[57]刘学兰.中学生心理健康教育[M].广州:暨南大学出版社,2012.

[58]刘育韬.每天读点社会学[M].北京:中国华侨出版社,2015.

248

[59]陆卫明,李红.现代人际关系心理学[M].2版.西安:西安交通大学出版社,2013.

[60]栾早春,邱占芬.人生交际术[M].哈尔滨:哈尔滨出版社,1990.

[61]牧新义,白世国,安莉娟.小学生心理健康教育[M].北京:北京师范大学出版社,2017.

[62]任志勇,薄丽华.给年青的心灵导航:青少年心理健康与咨询[M].太原:山西人民出版社,2007.

[63]孙广来.社交礼仪培养训练[M].呼和浩特:内蒙古人民出版社,2006.

[64]唐郁荣,严锦石.学生心理问题自助手册[M].北京:中国矿业大学出版社,2003.

[65]田文.中小学心理健康教育活动设计与实施[M].北京:清华大学出版社,2013.

[66]许芳.组织行为学原理与实务[M].2版.北京:清华大学出版社,2014.

[67]燕国材.当代青年心理咨询180题[M].上海:东方出版中心,2000.

[68]于丹丹,祖峰.青少年如何应对人际交往[M].长春:吉林人民出版社,2012.

[69]于晓溪,郭洋.新课程与中小学心理发展教育[M].大连:辽宁师范大学出版社,2012.

[70]张明.小学生心理健康[M].北京:中国轻工业出版社,2008.

[71]张玉堂,李腾.中学生心理辅导[M].兰州:甘肃人民出版社,2015.

[72]郑晓华.走出心理危机[M].北京:中国科学技术大学出版社,2013.

[73]李少霞.小学生心理健康教育的必要性与有效性[J].学周刊,2018(15):93.